Herbert Pönicke
August der Starke

PERSÖNLICHKEIT UND GESCHICHTE

Band 71

MUSTERSCHMIDT GÖTTINGEN

ZÜRICH · FRANKFURT

Herbert Pönicke

AUGUST DER STARKE

Ein Fürst des Barock

MUSTERSCHMIDT GÖTTINGEN

ZÜRICH · FRANKFURT

PERSÖNLICHKEIT UND GESCHICHTE

Biographische Reihe im Musterschmidt-Verlag
Begründet von Günther Franz und Gustav Adolf Rein
Herausgegeben von Prof. Dr. Günther Franz

Herbert Pönicke

Herbert Pönicke, geboren am 23. November 1904 in Dresden, besuchte hier das Annenrealgymnasium und studierte seit 1924 an der Universität Leipzig Geschichte. Er promovierte 1927 in Geschichte zum Dr. phil. Von 1928 bis 1945 war er im sächsischen höheren Schuldienst tätig, davon einige Jahre am Dresdener Kreuzgymnasium. Nach Gefangenschaft und Flucht lehrte er von 1949 bis zu seiner Pensionierung im Jahre 1966 am Charlotte-Paulsen-Gymnasium in Hamburg-Wandsbek vorwiegend Geschichte. Seitdem lebt er als Oberstudiendirektor a. D. in der Hansestadt. Seine wissenschaftlichen Studien gelten der Wirtschafts-, Kultur- und Technikgeschichte vorwiegend des mitteldeutschen Raumes oder dessen Beziehungen zum NO Europas. In den Jahren 1961, 1965 und 1966 war er Forschungsbeauftragter der Deutschen Forschungsgemeinschaft in Schweden und Finnland. Als Ergebnis dieser Forschungen erschienen die „Studien zur Wanderung sächs.-thür. Handwerker in die baltischen Provinzen im 18. und 19. Jahrhundert", 1964, die „Studien zur Wanderung sächs.-thür. Literaten ins Baltikum", 1967, sowie die Biographie über „Johann Ernst Glück. Ein Widerstandskämpfer im Zeitalter der Frühaufklärung im NO Europas", 1970. Mit dem verstorbenen Hamburger Professor Dr. Paul Johansen begründete er im Jahre 1957 die „Hamburger Mittel- und Ostdeutschen Forschungen", deren ständiger Redakteur er ist. Seit der Begründung der Neuen Deutschen Biographie ist er deren Mitarbeiter für die mitteldeutschen Wirtschaftsführer.

Bildnachweis
Umschlagbild: Historia-Photo

© 1972

MUSTERSCHMIDT GÖTTINGEN · Zürich · Frankfurt
Printed in Germany · Alle Rechte vorbehalten
Gesamtherstellung: „Muster-Schmidt" KG., Göttingen
ISBN 3-7881-0071-0

Inhaltsverzeichnis

Vorbemerkungen

Kein sächsischer Herrscher ist bis in unsere Tage so bekannt geblieben wie Friedrich August I. (August der Starke; August II. in Polen von 1697—1704 und 1709—1733). Er ist der Fürst unter den Wettinern, der die größte Volkstümlichkeit erlangt hat, nicht nur in Sachsen, sondern weit über die Landesgrenzen hinaus als Barockfürst des absolutistisch-merkantilistischen Zeitalters. Die Residenzstadt Augusts des Starken, Dresden, mit ihren barocken Bauten und Kunstsammlungen profitierte am meisten von seiner Regierung. „August hat den Keim zu dem gelegt, worin Sachsen ein den Fremden so wertes und gesuchtes Land und seine Hauptstadt ein erster Platz in Deutschland für die gesamte gebildete Welt geworden ist." (Eduard Vehse)

Bis weit ins 16. Jahrhundert hinein waren die Wettiner eines der mächtigsten Fürstenhäuser in Deutschland, das bedeutendste nach Besitz und politischer Kraft nach dem Kaiserhause. Die wettinischen Fürsten hatten noch im Reformationszeitalter die Führung auf politischem, kirchlich-konfessionellem, geistigem, künstlerischem und wissenschaftlichem Gebiete. Die vielen Landesteilungen sowie die Mittelmäßigkeit der wettinischen Herrscher — vor allem während des Dreißigjährigen Krieges — ließen die wettinische Macht sehr bald zurückgehen. Wirtschaftlich jedoch hatte sich Kursachsen nach dem großen Kriege bald wieder erholt. Im benachbarten Brandenburg hatten der Große Kurfürst und seine Nachfolger ihren Staat zum absolutistischen Einheitsstaat ausgebaut. Während die Brandenburger mit einem stehenden Heer, einem zuverlässigen Beamtentum und geordnetem Finanzwesen aufwarteten, setzte August der Starke auf die polnische Karte. Seine Pläne waren hochfliegend, die sich an den Erwerb der polnischen Krone knüpften. Ruhmsucht und Kraftbewußtsein dieses jungen Wettiners suchten sich stürmisch auszuleben. Energie, Universalität und Sprunghaftigkeit der Neigungen, Freude an Erlebnissen und Festen, Selbstbewußtsein, geistige Beweglichkeit, ungestillter Durst nach Neuem und nach Genuß sind die wesentlichen Grundzüge seines Charakters gewesen. Pracht kündet Macht! In diese Worte läßt sich am kürzesten zusammenfassen, was Augusts des Starken und der ganzen Barockzeit Streben erfüllt hat.

Prinz Friedrich August bis zum Regierungsantritt

Am 1. Februar 1733 starb August der Starke in Warschau. Durch die Konversion zum katholischen Glauben hatte er das Anrecht, seine letzte Ruhestätte wie alle evangelischen Fürsten im Dome zu Freiberg zu finden, verwirkt. Sein Leichnam wurde in Krakau beigesetzt, der Stadt seiner Krönung zum König von Polen, sein Herz aber, in einer silbernen, innen vergoldeten Kapsel eingeschlossen, später in die Gruft der von Chiaveri erbauten Kathedralkirche, der Katholischen Hofkirche zu Dresden, überführt. So wollte es der Kurfürst und König!

„Ein Mann war dahingegangen, der an der Vorbereitung des kulturellen Aufschwunges Deutschlands verantwortungsvoll mitgearbeitet hatte. Immer beschäftigt mit Fragen, die die Zeit vorwärtsführten, ein Einsamer zwar, aber einer, der für die Gesamtheit schuf, indem er die ihm verliehenen Gaben in seiner Weise auswählte. Gewiß hat er sich dabei oft vergriffen, oft geschwankt. Aber, wenn man ihn, alles in allem, betrachtet, so war er doch eine hoch bedeutende Erscheinung von ernstem Streben, bei allen Schwächen, ein ganzer Mann!" So urteilte einer der besten Kenner der Persönlichkeit Augusts des Starken: Cornelius Gurlitt. Ein gut ausgewogenes Urteil.

Wie anders dachten oft seine Zeitgenossen über die Person und das Schaffen dieses Kurfürsten/Königs. Neid, Haß, leichter Spott, Hohn beherrschten die Gefühle der meisten Urteilenden. Noch eine Woche vor dem Tode Augusts des Starken bezeichnete ihn Friedrich Wilhelm I. von Preußen, dessen Freundschaft August der Starke immer gesucht hatte, in einem Schreiben an Grumbkow als den falschesten Fürsten Europas und immer nur auf sein Interesse bedacht. Mit „sein Interesse" war natürlich des Kurfürsten Interesse für seinen Staat gemeint.

Der Neid mag besonders in Bezug auf die wirtschaftliche Entwicklung der Stammlande Friedrich Augusts im 18. Jahrhundert bei vielen dieser Fehlurteile im Hintergrund mit Pate gestanden haben. War doch Sachsen trotz der Schläge, die es im Dreißigjährigen Kriege erlitten hatte, wieder ein wirtschaftlich aufstrebendes Land geworden; Landwirtschaft wie der Bergbau standen in gleicher Blüte. Im Plauenschen Grunde bei Dresden und in den Zwickauer Steinkohlengruben wurden die Grundlagen zu der sich später entwickelnden Industrialisierung gelegt. Der Holzreichtum der sächsischen Wälder war entscheidend für die Holzbearbeitungsindustrie. In den Städten des Vogtlandes, des Erzgebirges und der Lausitz entwickelte sich eine rege Textilindustrie. Gerade sie war bereits im 16. Jahrhundert die Quelle von Sachsens Wohlstand geworden. Leinwand wurde auf den Dörfern gewebt und Garnbleichen im Großen betrieben. In der Tuchmacherei erschloß die Flanellfabrikation — vor allem in Hainichen, Grimma und Reichenbach/Vgtl. — größere Absatzmärkte. Ganz erhebliche Umgestaltungen brachte die Einfuhr von Baumwolle mit sich; hier sei an die Schleierhändler von Plauen/Vgtl. erinnert. Die Spitzenklöppelei, heimisch in Annaberg und anderen Orten des Erzgebirges, hatte sich Ende des 17. Jahrhunderts zu einer aufstrebenden Industrie entwickelt. Die Dresdener Hofapotheke bezog ihre Glasgefäße aus erzgebirgischen Glashütten. In Dresden selbst wurde erst im Jahre 1711 in Neu-Ostra eine „Churfürstliche Spiegel-, Schleif- und Poliermühle" eingerichtet. Bierbrauereien waren in reicher Zahl in Sachsen vorhanden. Diese waren meist mit der Landwirtschaft verbunden, um an Ort und Stelle die Gerste zu verarbeiten. Nicht zu vergesssen die Exulanten aus dem benachbarten Böhmen, aus Graslitz, die um ihres protestantischen Glaubens willen nach Abschluß des Dreißigjährigen Krieges zwischen 1653 und 1677 nach Markneukirchen und Klingenthal flohen und hier die in aller Welt bekannte Musikinstrumentenindustrie aufbauten. In den Städten blühte das Handwerk jeglicher Art in Zünften organisiert, das nicht nur den inneren Markt mit seinen Produkten versorgte, sondern darüber hinaus weltweite Handelsbeziehungen anknüpfte. Leipzig war das Handelszentrum; seine Messen bildeten damals das Tor zur Welt und übertrafen alle anderen Reichsmessen an Bedeutung.

Somit war Sachsen, als Friedrich August am 12. Mai 1670 in Dresden geboren wurde, ein reiches und wohlhabendes Land. Friedrich August besaß noch einen zwei Jahre älteren Bruder, Johann Georg, nach dem Vater, dem Kurfürsten Johann Georg III., benannt. Die Mutter, die dänische Prinzessin Anna Sophia, war eine fromme, dem Pietismus sehr nahestehende Frau. Der Kurprinz Johann Georg ähnelte mehr der Mutter, während Friedrich August mehr dem Vater glich, dessen kriegerischer Sinn sein Erbteil geworden war. Johann Georg III., zudem ein lebenslustiger Mann, hatte sich im Jahre 1683 vor Wien an Johann Sobieskis Seite als Soldat für die christliche Sache im Kampf gegen die Türken bewährt. So mag es gekommen sein, daß die Erzählungen des heimkehrenden Vaters und seiner Mitkämpfer über Kriegsschauplatz, fremde Völker und Länder die Sehnsucht des jungen Friedrich August nach anderen Ländern geweckt haben mögen. Dem frömmelnden Geist des Pietismus, „einer auf das Alte Testament aufgebauten Weltabwendung, eines Eiferns gegen die Daseinsfreuden", wie ihn der Pietist und Oberhofprediger Spener predigte, stand Friedrich August fremd gegenüber. Hinzu kam, daß er sich mit seinem Bruder nicht sonderlich gut stand.

Die Erzieher und Lehrer der beiden Prinzen waren Hans Ernst v. Knoch, Christof Bernhard, Lehrer des Italienischen, Spanischen und Französischen und zugleich der Musik, und Wolf Kaspar von Klengel. v. Klengel war der erste in der Reihe der Dresdener Barockarchitekten, der die Prinzen in „Architectura civilis et militaris" unterrichtete und sie zu Ingenieuroffizieren ausbildete. Er war es auch, der in Friedrich August die tiefe Leidenschaft für das Bauen geweckt hat, die ihn in späteren Jahre so beherrschte. Außerdem war es am wettinischen Hofe üblich, daß jeder Prinz ein Handwerk erlernte. Das „Grüne Gewölbe" bewahrt heute noch die von Friedrich August angefertigten Elfenbeinschnitzereien auf, die einen Künstler von Qualität erkennen lassen.

Im übrigen, und das sei vorweggenommen, ist er in der Geschichte der einzige Fürst, der den Beinamen „Der Starke" führt. Das geht auf seine unerhörte Körperkraft zurück. Viele Erzählungen über ihn gehören in das Reich der Fama, es bleiben aber doch noch genug Kraftproben übrig, die einwandfrei verbürgt oder von denen Erinnerungsstücke in Sammlungen und Museen vorhanden sind. Einige seiner Kunststücke, vom tollen Übermut diktiert und durch Jahrhunderte hindurch in der Erinnerung des Volkes haften geblieben, seien kurz erzählt. So erregte er auf seiner „Großen Tour" in Spanien erhebliches Aufsehen, als er bei einem Stiergefecht mit einem Streich dem Stier das Haupt vom Rumpfe hieb. Einen Finger büßte er ein, als er einem Bären im Ringkampf die Zunge aus dem Rachen reißen wollte. Mag auch der blasende Trompeter, den er mit einem Arme über die Brüstung des Wiener Stephansdomes hinausgehalten haben soll, dem Reiche der Fabel angehören, so wurden doch silberne Teller von ihm wie Papier zusammengerollt. Auch das angeblich mit der Hand zerbrochene Hufeisen wird im Historischen Museum in Dresden aufbewahrt. Im Dresdener Schloßhof ließ er sich einmal vor zahlreichen Zuschauern von einem Eber anlaufen, ein nicht unbedenkliches Unterfangen. Friedrich August gab dem Tier den Fangstoß in die Hirnschale, verfehlte sie, packte dann den Eber mit der Linken, zog den Degen und stach ihn nieder. Eine echte, gekonnte Sauhatz!

Zum eisernen Bestand vornehmer Erziehung gehörte es, die Welt kennenzulernen und auf „Kavalierstour" zu gehen. Kaum 17jährig schickte ihn der Vater am 19. Mai 1687 auf die „Große Tour". Frankreich, Spanien, Italien sollte er kennenlernen, das war die „Große Welt" Europas. Reiseleiter war Christian August von Haxthausen, der Pietist Dr. Paul Anton sorgte für sein Seelenheil und Dr. M. Pauli betreute ihn als Mediziner. Auch der Stallmeister von Einsiedel, Graf Vitzthum und einige Kammerdiener gehörten zur Reisegesellschaft.

Ein Jahr zuvor hatte der Prinz die Heimat seiner Mutter, Dänemark, besucht. Schon als Jüngling reiste er mit wachen Sinnen. Damals brach sich bereits die Erkenntnis bei ihm Bahn, den Adel unbedingt zurückzudrängen und sich des Einflusses der Stände zu erwehren.

Das erste Ziel der „Kavalierstour" galt Paris, hier lernte er Vaubans Festungsbauten, desgleichen die wirtschaftlichen Bestrebungen Colberts kennen und die Gärten von Versailles lieben. Der Hof Ludwigs XIV., von nicht zu übertreffender Pracht im Künstlerischen wie im Stil der Lebenshaltung, prägten sich ihm tief ein. Die meisten der hier gewonnenen Eindrücke blieben für immer in seinem Gedächtnis haften. Nach dreimonatiger Krankheit Friedrich Augusts steuerte die Reisegesellschaft das nächste Ziel an: Madrid. Das Zeremoniell in Madrid mochte ihn sehr beeindruckt haben. Doch wird ihm nicht entgangen sein, wie das Land unter heftigen politischen Kämpfen am Hofe mehr und mehr in Unordnung geraten mußte. Der Begräbnisort der spanischen Königsfamilie, der Klosterpalast Escorial, begeisterte ihn. Ein Eintrag des Hofmeisters v. Haxthausen in das Reisetagebuch spiegelt das Empfinden des ihm anvertrauten jungen Prinzen deutlich wider, der es als das größte und schönste Gebäude der Welt bezeichnete. Nur kurz war der Aufenthalt. Es ging zurück nach Paris, das man jedoch infolge des Ausbruches des pfälzischen Krieges und um der Verhaftung zu entgehen, sofort wieder verlassen mußte. Melhac war im März 1688 in die Pfalz eingedrungen und die Verwüstung des Landes begann. Mailand und Vene-

11

dig waren die letzten Reiseziele. Die heitere Atmosphäre der italienischen Städte prägte sich dem Auge und Hirn dieses jungen Deutschen unauslöschlich ein. So erst, in stolzen Palästen, umrauscht von Festen, als Mittelpunkt einer Schar von Höflingen, Würdenträgern, als Schützer jeder Kunstgattung schien ihm das Leben lebenswert. Er genoß Leben und Treiben dieser Stadt, war er doch noch rechtzeitig zum Karneval erschienen. Venedig hatte den jungen Prinzen so bezaubert, daß es ihn später immer wieder nach der Lagunenstadt zog. Der prächtige Anblick festlich geschmückter, phantastischer Gondeln auf spiegelndem Wasser stand vor seinem Auge, wenn er als König und Kurfürst für seine heimatliche Residenz glänzende Feste ersann.

Über Wien gelangte die Reisegesellschaft nach Prag, wo der Kurfürst seinen Sohn nach zweijähriger Abwesenheit in Empfang nahm. Venedig, der Escorial und Versailles waren für den jungen Prinzen die stärksten Eindrücke, deren Spuren sich in seinen späteren Bauprojekten immer wieder aufzeigen lassen. Doch auch seine Toleranz in religiösen Fragen stammt aus Erkenntnissen, die er auf dieser Reise sammelte.

Kriegerischer Unternehmungsgeist ließ den Heimgekehrten mit Vater und Bruder schon im Jahre 1689 gegen Frankreich ins Feld ziehen. Brandenburger, Sachsen und Niederländer drängten die Franzosen zurück. Dabei zeichnete sich der neunzehnjährige Prinz durch Kühnheit und Unerschrockenheit vor dem Feinde aus. Er blieb nicht in der Etappe, sondern setzte sein Leben in vorderster Front ein und geriet dadurch mehr als einmal in Lebensgefahr. Vor Mainz erhielt er beim Sturm auf ein Fort einen Streifschuß am Kopf. Auch verlor er in diesen Kämpfen ein Glied vom Daumen der linken Hand durch ein platzendes Gewehr, das er doppelt hatte laden lassen, um damit über den Main schießen zu können.

Da starb plötzlich der Vater als Oberbefehlshaber des Reichsheeres in Tübingen, kaum 44jährig, am 12. September 1691. Nur neun Jahre hatte die Regierung dieses tatkräftigen Wettiners gedauert. Beide Prinzen eilten vom Kriegsschauplatz heim und

12

Johann Georg wurde Kurfürst. Aber auch seine Regierungszeit war kurz bemessen. Kränklich und durch ein Liebesabenteuer zermürbt, das viel Aufsehen im Lande erregte, starb Johann Georg IV. am 27. April 1694.

Friedrich August I., 24 Jahre alt, stand auf der Höhe jugendlicher Kraft, als ihm der Kurhut 1694 zufiel. Für die Aufgaben eines Landesherrn, Reichsfürsten und europäischen Politikers war er nur flüchtig vorbereitet. Ein Mangel, der ihm zeitlebens unverschuldet anhing. Jedoch besaß er durch seine Reisen und Feldzüge einen für sein Alter recht beachtlichen Weitblick. Die glänzende Hofhaltung und Residenz Ludwigs XIV. hatten ihn gefesselt. So dürfte bei ihm der Wunsch entstanden sein, unter den deutschen Fürsten eine ähnliche Rolle zu spielen. Manche seiner Maßnahmen in seiner Residenz sind nachweislich auf diese Eindrücke zurückzuführen: Pflasterung, Beleuchtung der Straßen, Einrichtung von Hospitälern und das Feuerlöschwesen, Straßenreinigung, wie überhaupt Förderung der Gewerbe und des Handels in seinem Lande. Alles, was Mode, Festlichkeiten oder Architektur in Frankreich Neues zu bieten hatte, erregte des Kurfürsten Interesse.

Ein Jahr vor der Regierungsübernahme hatte er sich am 17. Februar 1693 mit der Tochter des Markgrafen Christian Ernst von Bayreuth, der 22jährigen Christiane Eberhardine, verheiratet. Es war eine der üblichen Standesheiraten und zugleich die Bestätigung eines mit Brandenburg geschlossenen Freundschaftsbundes. Die Prinzessin, welcher der Titel einer Kurfürstin und Königin zufiel, war stillen Gemüts, voll stark religiösen Innenlebens, Protestantin echt pietistischen Schlages; sie nahm nur äußerlich an dem Aufstieg Augusts teil. Ruhm- und Ehrsucht waren ihr fremd, ebenso Intrigen. Im Gegensatz zu ihrem Gemahl hielt sie sich vom höfischen Treiben und der Politik möglichst fern, wodurch eine immer größer werdende Entfremdung unausbleiblich wurde. Schon Ende der 90er Jahre zog sie sich in den stillen Kreis gesinnungsverwandter Protestanten zurück, zu dem Spener, Carpzow, Marperger u. a. gehörten. Das abgelegene stille Schloß

Pretzsch bei Torgau, ein früheres Geschenk Friedrich Augusts, wurde ihr Lieblingsaufenthalt, wo sie sich ganz und gar ihren religiösen Betrachtungen und Schwärmereien hingab und hier auch vereinsamt am 5. September 1727 starb. Das einzige Kind aus dieser Ehe, der Kurprinz Friedrich August, war am 17. Oktober 1696 geboren worden.

Von einer glücklichen Ehe kann wohl nicht die Rede sein, obwohl der König bei höfischen Festlichkeiten seiner Gemahlin immer den ihr gebührenden Platz einräumte. Friedrich August I. weilte oft am Kaiserhof in Wien bei Josef I., mit dem er seit dem Jahre 1691 befreundet war, oder im Felde.

Die Männer um Friedrich August

Friedrich August I. war unvorbereitet zur Regierung gekommen und dadurch in seinen Regierungsgeschäften zunächst abhängig von den Ratschlägen seiner Räte und Minister. Er mußte bald erkennen, daß diese nur nach ihrem eigenen Vorteil strebten. So war es kein Wunder, daß sich der Kurfürst möglichst vom Einfluß des sächsischen Adels und der Hofkreise löste. Es fällt auf, daß Friedrich August I. in seiner Umgebung vorwiegend Nichtsachsen bevorzugte. Der einflußreichste Minister, der auch bei der Wahl Friedrich Augusts I. zum König von Polen erfolgreich tätig war, war Jakob Heinrich von Flemming. Flemming, ein Pommer, zum General und später zum Generalfeldmarschall befördert, wurde der vertrauteste Berater des Kurfürsten und Königs. „Des Königs Worte sind mir allezeit Gesetze" war seine Maxime. „Allein S. M. sind Herr und Meister und können es auch anders ordonniren, als womit wir zufrieden seyn müssen", so Flemming. Kein anderer Leitstern schwebte ihm vor, als der Ruhm und das Interesse seines Herrn. Er wußte sich frei von konfessionellem Glaubenseifer und von Voreingenommenheit für irgendeine Partei. „Ein Minister müsse den Willen seines Herrn kennen, sich ihm anpassen und sein Möglichstes tun, ihn auszuführen." Graf August Christoph von Wackerbarth, Lauenburger von Geburt, zeichnete sich durch diplomatisches Geschick und als Festungsbaumeister aus. Daß der Kurfürst ihn bevorzugte, wird wohl darin begründet sein, daß Wackerbarth volles Verständnis für seines Herrn Bauleidenschaft, Kunstsammlungen und Betätigung im Festungsbau zeigte. Fürst Anton Egon von Fürstenberg, den Friedrich August vor allem deshalb aus Schwaben nach Dresden gerufen haben mag, weil er als Katholik dem Papste und auch dem Kaiser genehm, jedoch an beide nicht gebunden und durch Geburt dem sächsischen Adel überlegen war. Zudem war Fürstenberg dem Kurfürsten ein angenehmer Gesellschafter. Er wurde im Jahre 1697 zum Statthalter von Sachsen ernannt. Woldemar Baron Lewendahl, ein Vetter des Kurfürsten und Sohn eines Halbbruders von des Kurfürsten Mutter, wurde am Hofe als Finanzmann geschätzt. Ein anderer Pommer war Ernst Christoph von Manteuffel, ein Freund der Philosophen Leibniz und Wolf, ihn wollte Friedrich August I. evtl. zum Präsidenten der geplanten „Deutschen Akademie" machen. Auch Nichtdeutsche wurden Minister. Seit dem Jahre 1703 stand Pedro Roberto Conte de Lascagno als General in sächsischen Diensten. Auch er wurde Minister, wie später der Franzose François Vicardel, Marquis de Fleury. Ein Mann muß noch erwähnt werden, der Livländer Johann Reinhold von Patkul, der nicht unmittelbar zum Hofe gehörte, aber doch von großem Einfluß auf Friedrich Augusts Politik während des Nordischen Krieges gewesen ist.

Friedrich August und die Stände

An der Spitze des Kurfürstentums stand der kurfürstliche Hof, der bereits unter Augusts Vorgängern ein äußerst prächtiges Leben entfaltete. Der Charakter der Residenzstadt Dresden wurde durch den Hof bestimmt. Der Hofluxus wurde aber keineswegs vom Volke verdammt, im Gegenteil, man sah ihn als Verdienstquelle und Anregung für Handel und Gewerbe an und vermißte ihn bei Abwesenheit des Kurfürsten. Dieser Luxus entsprach durchaus der merkantilistischen Wirtschaftsauffassung der Zeit.

Der sächsische Adel stand in engster Beziehung zum Hofe. Er allein war der hoffähige Stand, der sich vom bürgerlichen Stande grundsätzlich absonderte. Nur er war befähigt, die Stellen der Regierung, der Verwaltung und im Heere zu besetzen. Zur Aufnahme in die Landstände war nur derjenige vom Adel berechtigt, der acht adelige Ahnen von Vater- und Mutterseite nachweisen konnte, also im wesentlichen die Mitglieder des durchweg lutherischen Adels. Oftmals arm aber ahnenstolz unterlagen diese Hofkreise der Versuchung der Bestechlichkeit und Beamtenuntreue.

Das Beispiel des kastenartig sich abschließenden Adels wirkte ansteckend auf den Bürgerstand. Scharf sonderten sich die Fakultäten der Universitäten Leipzig und Wittenberg in stolzem „Gelehrtenhochmute", das Gefolge des Hofes, die Magistrate der Städte, die Zünfte voneinander und von der Menge der „gemeinen" Bürgerschaft ab. Die Sprache war dafür ein charakteristisches Symptom. Am Hofe sprach man französisch; Latein sprachen die Gelehrten. Dieser Kastengeist war aber auch die einzige Möglichkeit der Interessenvertretung. Man scheute sich jedenfalls in Kursachsen nicht, dem Kurfürsten mit großer Offenheit entgegenzutreten.

Der Kurfürst verfügte über Einkommen aus der Rentkammer, die ohne Kontrolle der Landstände durch den Kammermeister verwaltet wurden. Die Rentkammer verfügte über den Grundbesitz, der dem Kurfürsten unmittelbar gehörte. Unter den fürstlichen Hoheitsrechten, den Regalien, genoß z. Zt. Friedrich Augusts der Bergbau immer noch die größte Fürsorge des Landesherrn. Seit dem Jahre 1661 war seine Verwaltung einem besonderen Bergratskolleg übertragen worden, da er während der Kriege sehr gelitten hatte. Jetzt tat man alles, um den Bergbau zu heben, allerdings ohne die früheren Ausbeuten je wieder zu erreichen. Die Erträgnisse des Bergbaues und des Hüttenbetriebes sowie die aus dem Bergregal fließenden Einkünfte wurden

16

von den Hütten und den Münzen verwaltet und verrechnet und soweit sie nicht zur Deckung des Betriebsaufwandes nötig waren, an die Rentkammer abgeführt. Einnahmen kamen ferner aus dem Jagdregal, aus den Wasserregalien wie Fähren, Flößerei, Fischerei, den kurfürstlichen Mühlen, Weinbergen und Kammergütern, Vorwerken, Klosterhöfen, Hammerwerken usf.; Zölle und Geleite wurden ebenso wie die Landakzise und die Fleischsteuer verpachtet. Ein wichtiges Monopol der Rentkammer war auch der Salzimport. Die Kammer kaufte en gros bei der Pfännerschaft in Halle/S., deren Holzlieferant sie war, und zwang die Untertanen zur Abnahme eines seinem Besitz entsprechenden jährlichen Quantums. Das Zeitungsmonopol der Kammer war mit dem Postregal verbunden. Alle Postbediensteten des Kurfürstentums unterstanden dem Leipziger Oberpostmeister.

Trotz dieser aus vielen Quellen fließenden Einnahmen stiegen die Kammerschulden, die die Stände übernehmen mußten. Der glänzende Hofstaat, die Prunkliebe Friedrich Augusts, kostspielige Gesandtschaften und vor allem das Söldnerheer kosteten Unsummen. Dazu kamen, wie eine Generalrevision aus den Jahren 1697—1699 ergab, die vielen Tausende von Gulden, die durch Untreue der Beamten dem Fiskus entzogen wurden.

Eine andere Einnahmequelle waren die Steuern, die von der Bewilligung der Stände abhängig waren. Sie wurden von einem Kollegium, dem Obersteuerkollegium, erhoben, in dem kurfürstliche Räte neben den von den Ständen gewählten saßen. Die Einziehung führte zu mancherlei Schwierigkeiten. Das Ziel des Kurfürsten aber war, sich von der Abhängigkeit ständischer Bewilligung frei zu machen und die Steuererhebung von eingesetzten Beamten vornehmen zu lassen. Der Streit zwischen Friedrich August und den Ständen war seit seinem Regierungsantritt ein offener. Die Stände in Opposition gegen den absolutistischen Willen des Fürsten wollten verhindern, daß die Steuerlast zu drückend wurde.

Trotzdem war es dem Landesherrn später noch gelungen, neben der schon bestehenden Landakzise die Generalkonsumtionsakzise einzuführen, eine indirekte Steuer, die aus der Einfuhr von Lebensmitteln und sonstigem Kaufmannsgut in die Städte erhoben wurde. Verwaltet wurde diese Generalkonsumtionsakzise durch die Generalakziseinspektion, die im Jahre 1706 in ein ordentliches Generalakzisekollegium umgewandelt wurde. Mit der eingeführten Verbrauchssteuer auf lebenswichtige Güter war zugleich eine Personal-, Vieh-, Gewerbe- und Grundsteuer verbunden. Niemand — auch der Kurfürst nicht — war davon befreit. Steuertechnisch war dieses eigene Werk Friedrich Augusts eine recht wertvolle Neuerung. Schon im Jahre 1708 erbrachte diese Generalakzise rund 283 000 Taler jährlich und erreichte um 1730 etwa 600 000 Taler.

Einen weiteren Vorstoß gegen die Stände unternahm der Kurfürst durch die Einrichtung eines Generalrevisionskollegiums im Jahre 1697, dessen Aufgabe in der Untersuchung des gesamten Beamtentums im Hinblick auf die Verbesserung des Staatseinkommens bestand. Da es keine richtige Kontrolle mehr hinsichtlich der Staatseinnahmen seit dem 16. Jahrhundert gab, war die finanzielle Mißwirtschaft, auch was die Hofhaltung anbelangte, allgemein. Schon ein Vorgänger Friedrich Augusts, der Kurfürst Johann Georg II. (1656—1680) hatte vergeblich versucht, dieser Mißwirtschaft im Lande zu steuern, indem er einen Prüfungsbeamten einsetzte, dem die Aufgabe einer ständigen Kontrolle der Ämter übertragen war. Der Erfolg war gering. So glaubte August der Starke, daß dieses von ihm eingesetzte Revisionskollegium Ordnung im Staatshaushalt schaffen könne. Die Oberaufsicht über diese Einrichtung führte der im Jahre 1697 zum Statthalter ernannte Fürst Anton Egon von Fürstenberg. Friedrich August verlieh dem Kollegium von Anfang an eine absolutistische Tendenz, indem er es mit der Abstellung der Mißbräuche im Beamtentum beauftragte. Das Kollegium entwickelte sich im Hinblick auf Säuberung des Beamtenapparates so kräftig, daß sich der Kurfürst veranlaßt sah, aus dem Kollegium einen Revisionsrat zu bilden, der als eine Art „Inquisitionstribunal" energisch für den Absolutismus eintrat. Die Absicht des Kurfürsten war es, die Stände durch scharfe Kontrolle des Steuerwesens einzuschüchtern und den Einfluß der Aristokratie auf das Beamtentum zurückzudrängen. Die Stände sollten durch die Steuerrevision opferwilliger gemacht werden, zudem sollten sie durch die Revision des Beamtentums der Verkürzung des Staatseinkommens infolge der Beamtenuntreue entgegentreten. Der Revisionsrat ging scharf ins Zeug. Das erste Opfer der Hofaristokratie war der Oberhofmarschall von Haugwitz, der bereits Anfang des Jahes 1697 verhaftet wurde. Ihm folgten der Oberkonsistorialpräsident von Knoche und der Geheime Rat von Bose sen. Selbst die Toten verschonte man nicht. So untersuchte man die Amtsführung des verstorbenen Kanzlers von Pöllnitz. Über 60 000 Taler wurden von „gewissen" Personen gefordert.

Jedoch die dauernde Geldnot — vor allem nach Übernahme der polnischen Krone — machte Friedrich August immer abhängiger von diesem Revisionsrat, der sich fast unbeschränkte Vollmachten angeeignet hatte. Er wagte sich sogar unabhängig vom Landesherrn an die Untersuchung der Landeskollegien und der städtischen Verwaltungen. Solche Eingriffe riefen selbstredend die Opposition der Geschädigten auf den Plan. Durch Hofintrigen wurde der Revisionsrat schließlich beim Kurfürsten in schweren Mißkredit gebracht. Da ihm der Revisionsrat nicht die erhofften finanziellen Gewinne einbrachte und alle Finanzmanöver nichts mehr halfen, wandte er sich wieder an die Landstände um Bewilligung von Geldmitteln. Damit war der Untergang des Revisionsrates besiegelt.

Die Verfahren des Revisionsrates mußten bei dem starren Festhalten der Stände am Althergebrachten von Anfang an bedenklich erscheinen. Die Stände hatten sich gegen den Vorstoß des Absolutismus behauptet, wenn auch die Einrichtung dieses Kontrollinstrumentes unverkennbar eine Hinneigung zu einer Verstärkung der kurfürstlichen Macht auf Kosten der Stände zeigte. Die Kosten seiner auswärtigen Politik und die prunkvolle Hofhaltung hatten Friedrich August letztlich zum Rückzug veranlaßt. Schließlich äußerte sich doch jede politische Frage im

Geldbedarf und mithin im Steuerwesen, so daß die Stände überall in Staatsgeschäften mitzureden hatten.

Die Wahl zum König von Polen

Wie bereits erwähnt, stand August der Starke in einem guten Verhältnis zum Kaiserhause und wandte sich nach Übernahme des Kurfürstentums bewußt einer habsburgfreundlichen Politik zu. Am 23. Mai 1694 erneuerte er das letzte Subsidienbündnis und trat in einer besonderen Urkunde mit einem bedeutenden Hilfskorps der Großen Allianz gegen Ludwig XIV. bei. Doch gab August der Starke sich dem Kaiser nicht unbedingt in die Hände. In einem neuen Vertrage vom 17. April 1695 erzwang er die Übertragung des Oberkommandos über die kaiserlichen Truppen in Ungarn auf seine Person. Seine Sehnsucht nach militärischem Ruhm blieb aber unbefriedigt. Bei den Sommerfeldzügen von 1695 und 1696 waren ihm zweifelhafte Erfolge beschieden. In Dresden wurde der Kurfürst zwar als Sieger gefeiert, er selbst berichtete am 30. Oktober 1696 freimütig dem Kaiser seine mißliche Lage, nachdem er vorher schon das Oberkommando an Prinz Eugen von Savoyen unter Belassung der kursächsischen Truppen vor dem Feinde abgetreten hatte. „Es war aber ein höher und derzeit noch geheimes Dessein obhanden, weshalben Prinz Eugenio von Savoyen ermeldtes Kommando anvertraut werden mußte." Diese Aussage war ganz gewiß eine Anspielung auf den polnischen Königsthron.

Diese Jahre waren besonders krisenreich. Zwei große Kriege banden die Kräfte der europäischen Großmächte. Der zweite Koalitionskrieg wurde am 20. 9. 1697 durch den Frieden von Ryswijk beendet. Der Krieg gegen die Türken endete am 26. 1. 1699 mit dem Frieden von Carlowitz zwischen Österreich, Rußland, Polen und Venedig einerseits und der Türkei andererseits.

In diese Zeit fiel der Tod des polnischen Königs Johanns III. Sobieski am 17. 6. 1696 und damit kamen die Vorbereitungen zu einer neuen Königswahl in Gang. Polen war seit dem Jahre 1573 verfassungsmäßig eine Adelsdemokratie. Jeder Adelige hatte Anspruch auf die verfassungsmäßigen Rechte der „Gleichheit und Freiheit". Diese Rechte bildeten das soziale Fundament des polnischen Palamentarismus. Die adeligen Wähler nannten sich „cives". Jeder „civis", auch der ärmste, konnte verfassungsmäßig zu allen Würden und Ämtern dieser Adelsrepublik bis hinauf zum Königtum gewählt werden. Die Königswahl wurde von allen „cives" auf dem Wahlfeld bei Warschau vorgenommen. Der polnische Adel hatte infolge seiner jahrhundertelangen Teilnahme an den Landtagen und Reichstagen große Erfahrungen in parlamentarischen Fragen gesammelt. Das mag auch ein Grund gewesen sein für die ständige innenpolitische Zerrissenheit dieser Adelsnation, vor allem durch das seit 1652 praktizierte „Liberum Veto", das letztlich zu einer langsamen Lähmung der Gesetzgebung und der Regierung führen mußte, woran auch die von August dem Starken gewünschte Entwicklung eines königlichen Absolutismus scheiterte. So hatte sich im Laufe der Jahrhunderte hier eine Verfassung herausgebildet, die in vollstem Gegensatz zu der überall steigenden Unumschränktheit des Fürsten stand. Der Adel besaß eigene Heere, die jederzeit gegen den König eingesetzt werden konnten. Sein höchstes Ziel war es, die Macht des Königs nicht über die eigene Machtvollkommenheit hinauswachsen zu lassen. Das zeigte sich ganz besonders während der Regierungszeit Augusts des Starken.

Neun Fürsten bewarben sich bei dem Reichsverweser, dem Primas Polens, Kardinal Radziejowski, um die Königskrone. Es waren die beiden Söhne Johann Sobieskis, Jakob und Constantin; der Vetter Ludwigs XIV., Prinz Conti; der Schwiegersohn des verstorbenen Königs Sobieski, der Kurfürst von Bayern; Prinz Karl von Neuburg; Herzog Leopold von Lothringen; Prinz von Baden; der Neffe des Papstes Innozenz IX., Don Livio Odescalchi und Friedrich August I., Kurfürst von Sachsen.

Von allen Bewerbern hatte Prinz Conti die meisten Anhänger. Frankreich, noch eben im Kampfe mit dem Kaiser, hoffte in

Polen eine Macht zu finden, durch die es den Kaiser von einer anderen Seite in Schach halten könnte. So mußte der Kaiser alles diplomatische Geschick aufwenden, um die Wahl Contis zu verhindern. Das Eingreifen Rußlands in den Kampf gegen die Türkei nutzte der Kaiser geschickt aus. Er schloß mit Rußland einen Bündnisvertrag gegen die Türkei. Dieser österreichisch-russische Vertrag sollte natürlich in gewissem Sinne auch Polen in Schach halten. Hätte nun Conti bei der bevorstehenden Wahl Erfolg gehabt, so wäre ein Separatfrieden seitens Polen mit der Türkei nicht ausgeschlossen gewesen. Allein der gemeinsame Druck beider war imstande, den türkischen Widerstand zu brechen. So war der österreichisch-russische Vertrag eine nicht zu übersehende Drohung Österreichs, das einen neuen Bundesgenossen gefunden hatte, die Polen im Falle der Wahl Contis ihrem Schicksal zu überlassen. Der Kaiser widersetzte sich der Wahl des französischen Bewerbers, ihm schlossen sich Brandenburg und Rußland an. Nur Schweden unterstützte den Prinzen Conti. So blieb als aussichtsreichster Kandidat August von Sachsen übrig. Die anderen Bewerber waren für den polnischen Adel ohne Interesse.

Es drängt sich sofort die Frage nach den Motiven auf, die den sächsischen Kurfürsten bewogen, nach der Polenkrone zu streben. Ohne Zweifel wird es der Wunsch gewesen sein, in der europäischen Politik eine Rolle zu spielen und seinen persönlichen Ehrgeiz, seine nach außen gerichtete Aktivität befriedigen zu können, wozu er als Kurfürst von Sachsen nur sehr begrenzte Möglichkeiten hatte. Die Möglichkeit, ein Reich zu regieren, das Deutschland an Größe weit übertraf, an der Ostsee beginnnend, über den Dnjepr hinausreichend, zum Schwarzen Meer, das lohnte den Einsatz mit allen nur möglichen Mitteln. Polen war der Übergang zum Orient, zu China, in eine den damaligen Europäern vollkommen fremde Welt.

Wirtschaftliche Überlegungen werden bei der Thronkandidatur auch eine Rolle gespielt haben. Galt es doch, den polnischen Handel mit Hilfe der Leipziger Messen zu beleben. So hoffte August der Starke, den nicht mehr gedeckten Bedarf an Rohstoffen wie Holz, Garne, Wolle, Pottasche, Wachs, Häute u. v. a. m. durch Einfuhr aus Polen zu decken. Sachsen lieferte dagegen Fertigwaren. Es ging ihm weiterhin auch darum, den großen gewinnbringenden Transithandel, der vom Orient über Polen, Kurland und Livland nach Westeuropa führte, in die Hand zu bekommen. Dadurch hätte Sachsen unmittelbaren Anschluß an den Ostseehandel gehabt.

Und noch ein drittes Moment ist bei der Thronbewerbung zu erwägen. Der Historiker Erich Brandenburg weist in seiner eingehenden Untersuchung über die „Ahnen Augusts des Starken" nach, daß unter den 8 191 Ahnenfeldern Augusts des Starken 934, also mehr als 10%, dem alten polnischen Königsgeschlecht der Piasten angehören und 320 dem zweiten polnischen Herrscherhaus, den Jagellonen. Kein zweiter deutscher Fürst hat so viel polnisches Blut in seinen Adern gehabt wie August der Starke. So mag das Streben Augusts des Starken nach der polnischen Königskrone nicht allein durch die politische Lage bestimmt worden sein, sondern auch durch den besonders starken Blutszusammenhang mit den slavischen Herrschergeschlechtern. Wer möchte zu entscheiden wagen, so meint Brandenburg, wieviel die Lokkungen des Blutes bei seinem Entschlusse zur Bewerbung um den polnischen Thron mitgesprochen haben mögen?

Die Wahl zum König von Polen ist ein schlimmes Kapitel in der Geschichte überhaupt. Nur derjenige, welcher die meisten Bestechungsgelder aufbrachte, hatte bei den „cives" Aussicht auf Erfolg. Der sächsische Kurfürst setzte alles daran, die notwendigen Gelder zu beschaffen, selbst wenn er sie „aus dem Boden stampfen müßte".

Alle Kräfte wurden aufgeboten, um dem Wahlmacher Augusts des Starken, dem Grafen Flemming, die nötigen Gelder zukommen zu lassen. Seiner Mutter verkaufte der Kurfürst das Gut Pillnitz; die Städte in der Oberlausitz mußten ihm ein Darlehen gewähren. Die Aussicht für Sachsen, an der Unterelbe einst Lauenburg wiederzugewinnen, opferte man der polnischen Krone. Friedrich August verkaufte die Ansprüche auf Lauenburg im

Jahre 1697 für 1 000 000 Gulden an Braunschweig-Lüneburg. Die Erbvogtei über Quedlinburg nebst dem Reichsschulzenamt zu Nordhausen kaufte Brandenburg für 300 000 Reichstaler; das Amt Petersberg bei Halle/S. für 90 000 Reichstaler. An den Herzog von Sachsen-Zeitz wurde die ganze Landeshoheit über den Anteil der albertinischen Linie an der gefürsteten Grafschaft Henneberg für 45 000 Reichstaler veräußert. Außerdem wurden das Amt Borna bei Leipzig auf Wiederkauf in 24 Jahren an den Herzog Friedrich von Gotha für 500 000 Gulden, das Amt Gräfenhainichen auf 12 Jahre für 35 000 Reichstaler an die Fürstin Henriette von Anhalt-Dessau, der sächsische Anteil an der Grafschaft Mansfeld an Hannover für 600 000 Reichstaler auf 8 Jahre, das Amt Pforta an Sachsen-Weimar für 100 000 Gulden auf 10 Jahre verpfändet. Zudem besorgten der kaiserliche Botschafter 150 000 Reichstaler, der brandenburgische 20 000 und der venezianische 30 000 Reichstaler. Damit nicht genug. Der Kurfürst nahm Anleihen bei Bankiers auf und verpfändete Juwelen im Werte von 1 Million Gulden bei den Wiener Jesuiten, die ihrerseits das Jesuitenkollegium in Warschau beauftragten, dem sächsischen Gesandten Kredite einzuräumen.

Sondierungen über seine Wahlkandidatur durch den sächsischen General Frh. von Rosen bei dem französischen Gesandten Janson in Rom Anfang Februar 1697 hatten wenig Erfolg, obgleich Friedrich August andeuten ließ, zum Katholizismus übertreten zu wollen. Auch Besprechungen Rosens mit dem französischen Gesandten Bonrepaus in Kopenhagen fielen weder zustimmend noch ablehnend aus. Auch die in Ryswijk ausgesprochenen Drohungen Rosens dem französischen Gesandten Callières gegenüber, daß der Kurfürst seine Truppen aus Ungarn abziehen, ein Heer von 20 000 Mann aufstellen und wenn es nicht zum Frieden zwischen Frankreich und Österreich käme, er in Böhmen einfallen werde, brachten es nicht zur Zustimmung Ludwigs XIV. Im Gegenteil, dieser ließ erklären, daß er nach wie vor bei der Unterstützung Contis bleibe.

Die Intrigen, die in Warschau gegen eine Wahl Friedrich Augusts betrieben wurden, waren dem Kurfürsten wohlbekannt. Er wußte auch, daß Österreich, Rußland und Brandenburg grundsätzlich eine Wahl Contis aus machtpolitischen Gründen von vornherein ablehnten und daß Polen bei einer Wahl Contis früher oder später mit einer militärischen Intervention seitens dieser Mächte, zumindest Rußlands, rechnen müßte. Er wußte ferner, daß Frankreichs Geldmittel zur Unterstützung seines Kandidaten infolge der vielen Kriege äußerst beschränkt waren. Aus diesen Gründen konnte er auch ein diplomatisches Spiel treiben, das von vornherein als erfolgloses Manöver angesehen werden mußte. Der Kurfürst ließ nämlich durch seinen Wahlmacher Flemming in Warschau verkünden, daß er, Flemming, mit der Kandidatur seines Herrn nur dann hervortreten werde, falls Conti bei der Wahl durchfallen sollte. Des Kurfürsten Thronbewerbung richte sich daher keineswegs gegen Frankreich, sondern nur gegen Österreich. Sollte der Kurfürst Friedrich August tatsächlich eine Besitznahme Böhmens, Mährens, evtl. sogar Schlesiens, also eine Teilung der österreichischen Erblande, in Erwägung gezogen haben, wie er es in Andeutungen dem französischen Gesandten Callières hatte wissen lassen, dann hätte er im Reich eine gewaltige politische Rolle spielen können und wäre zum großen Konkurrenten des Hauses Habsburg geworden. Fern lagen solche Gedanken bei der großen Phantasie des Kurfürsten nicht, wie die spätere Hochzeit des Kurprinzen mit der Kaisertochter zeigt. Eine Frage wäre es jedoch gewesen, ob er ein solches Vorhaben mit seinem schlecht organisierten Söldnerheere hätte überhaupt durchführen können.

In Warschau schenkte man diesen Erklärungen Flemmings keinen rechten Glauben, zumal gerüchteweise bekannt geworden war, daß die Wahlbemühungen des Sachsen durch ziemlich umfangreiche Geldzuwendungen unterstützt würden. Mit einem Wahlerfolg Friedrich Augusts rechnete man in Polen sowieso nicht, da dazu der Übertritt zum Katholizismus nötig gewesen wäre, ohne allerdings zu wissen, daß vom Kurfürsten in dieser

Richtung schon Schritte unternommen worden waren. Doch geschah der Übertritt zum anderen Glauben sehr vorsichtig. Bei der anfänglichen Unsicherheit des Erwerbs der polnischen Krone hätte Friedrich August bei einer zu schnellen Konversion seine Stellung im Reiche, wo er als Kurfürst von Sachsen das „Directorium Corporis Evangelicorum" leitete, gefährdet. Die lutherischen Stände wären ihm bei einem Glaubenswechsel ganz gewiß feindselig gegenübergetreten. Also mußte für diesen offiziellen Schritt ein erfolgreicher Abschluß der Wahlverhandlungen abgewartet werden, „um damit in Polen eine neue Stütze zu finden" (Piwarski). Erst nachdem er durch Flemming vom Widerstand in Warschau gegen Conti erfuhr, vollzog Friedrich August den Schritt der Konversion vor seinem Vetter Christian August von Sachsen-Zeitz, dem Bischof von Raab in Ungarn, am 2. 6. 1696. Dieses Dokument trug keine Jahreszahl noch war es unterschrieben. Ein Beweis dafür, daß der Glaubenswechsel bis zur endgültigen Wahlentscheidung geheim bleiben sollte. Es war dennoch eine bedingte Konversion. Wären unvorhergesehene Ereignisse eingetreten, hätte der Kurfürst die Vorgänge in Raab sofort für ungeschehen erklären lassen können.

Um dem Hin und Her in der Wahlangelegenheit in Polen ein Ende zu bereiten, mischte sich Peter der Große in die Sache ein. In einem Schreiben an den Kardinal Radziejowski Anfang 1697 betonte Peter der Große, keinesfalls dürfe der künftige König französisch orientiert sein. Sollte Conti gewählt werden, hätte sich Polen gegebenenfalls militärisch mit Rußland auseinanderzusetzen. Der Kardinal drängte daraufhin zur Wahlentscheidung und stellte sich und seine Partei trotz der russischen Drohung auf die Seite Contis. Da Peter der Große vertraulich informiert worden war, daß August der Starke von der Gegenpartei gewählt würde, nahm er von einer militärischen Intervention Abstand.

August der Starke ließ jetzt seine Anhänger durch Flemming von seiner Konversion unterrichten. Inzwischen stand er mit 10 000 Mann an der polnischen Grenze, zum Einrücken in Polen bereit. Die Partei des Kardinal-Primas wählte Conti zum König und die Anhänger Friedrich Augusts I. unter Führung des Bischofs von Kujavien riefen Friedrich August I., Kurfürst von Sachsen, zum König August II. von Polen und Großfürsten von Litauen aus. Die Verbindung Polens mit Litauen seit 1386 ergab den größten Flächenstaat des damaligen Europa. Der Bischof von Kujavien ließ sich unmittelbar nach der Ausrufung Friedrich Augusts zum König von Polen von dem als außerordentlichen Botschafter anerkannten Grafen von Flemming im Namen des Königs August II. die „Pacta Conventa" (Wahlkapitulation) vom 18. 6. 1697, aus 37 Punkten bestehend, beschwören. Die wichtigsten Punkte seien herausgegriffen: „Das Königreich Polen soll bei seiner Wahlfreiheit erhalten und nicht zum Erbkönigreich gemacht werden. Zu ewigen Zeiten soll kein anderer, als welcher der römisch-katholischen Kirche zugetan, König von Polen werden. Der König gelobt endlich, daß er der Krone niemals entsagen werde. Die königliche Gemahlin darf sich nie in die Regierung einmischen. Sie kann das Königreich Polen nicht anders betreten, als wenn sie römisch-katholischer Religion ist. Der König wird die Ukraine wiedererobern und mit dem Zaren von Moskau einen ewigen Frieden schließen. Ausländische Soldaten (also auch sächsische: d. Verf.) sollen ohne Genehmigung der Republik nicht eingeführt werden." Zudem waren 12 Millionen Taler zu zahlen und das Versprechen, Livland zurückzuerobern, abgegeben worden. August II. unterzeichnete von nun ab alle Dokumente mit: Augustus Rex.

Der Handelnde mußte jetzt der Kurfürst sein. Da eine Gesandtschaft von 1 000 Adeligen nach Krakau unterwegs war, um August dem Starken zu huldigen, mußte er mit seinen Truppen, auf schnellstem Wege von Tarnowitz kommend, dahin gelangen. Schon der Einzug mit seinen Truppen in Krakau war eine Verletzung der „Pacta Conventa". Prunkvoll, seiner neuen Würde entsprechend, zog der neue König in die Krönungsstadt ein. Er saß auf einem perlfarbenen Hengste in mit Hermelin besetzter polnischer Nationaltracht, die Weste und Unterkleidung blau, das Degengeschirr und Zaumzeug waren mit Diamanten und Rubinen besetzt. Er ritt unter einem purpursamtenen Baldachin, den zwölf krakauische Ratsherren trugen, zu beiden Seiten gingen fünfzig Trabanten von der Schweizer Garde, zwölf Läufer und achtundvierzig Lakaien. Am 15. 9. 1697 wurde August der Starke in Krakau zum König von Polen gekrönt. Die auswärtigen Höfe waren von der Krönung benachrichtigt worden und gratulierten unter Versicherung fortdauernder Freundschaft. Nur Frankreich und Schweden schwiegen.

Der Gegenkandidat Prinz Conti war inzwischen nicht untätig geblieben. Mit einer kleinen Flotte war er unter Segel gegangen, um auf der Reede von Oliva zu landen und von da nach Warschau zu ziehen. Danzig jedoch war nicht geneigt, Conti zu empfangen, geschweige denn der französischen Flagge Reverenz zu erweisen. Man feierte August, den Deutschen, als den rechtmäßigen König. August der Starke selbst hatte unter dem Kommando von Flemming, Brandt und Galecki eine sächsisch-polnische Reiterabteilung nach Oliva geschickt, die unerwartet am 8. 11. 1697 erschien und Conti zur Rückkehr nach Frankreich zwang. Damit war August II. endgültig König und auch seine Gegner — vor allem der Kardinal-Primas — mußten sich ihm wohl oder übel fügen.

In Frankreich wurden die polnischen Ereignisse mit Resignation aufgenommen. Schweden unter Karl XII. verhielt sich abwartend. In Deutschland mußte Augusts Wahlerfolg als ein erfreulicher Sieg gewertet werden, als eine Angelegenheit des ganzen Reiches. Danzig, damals unter polnischer Herrschaft, hatte die Sachlage richtig erfaßt und bereitete dem neuen Herrn einen würdigen Empfang.

Kursachsen war von nun an eng in die europäische Politik einbezogen und Dresden stieg zu dem Rang einer europäischen Hauptstadt empor. Mit großem Mißbehagen allerdings hatten Stände und Volk den Glaubenswechsel ihres Kurfürsten aufgenommen. Zur Beruhigung seiner Untertanen versprach August der Starke in dem Edikt von Lobskowa bei Krakau vom 17. Juli 1697, daß er alles beim alten lassen und trotz seiner Abwesen-

28

heit landesväterlich über sein Volk regieren werde. Es wäre dafür gesorgt, daß er seine Untertanen „bei der Augsburgischen Konfession kräftigst erhalten werde". Diese Versicherungen jedoch reichten nicht aus, um das Land zu beruhigen. Der Eindruck von Friedrich Augusts Übertritt zum katholischen Glauben war zu tief. Die Wahl eines katholischen Statthalters — von Fürstenberg — mußte das Gefühl des Unbehagens noch steigern. Die Stände waren seit dem Westfälischen Frieden äußerst mißtrauisch in religiösen Fragen. Die lutherische Empörung beschwichtigte August der Starke dadurch, daß er das Direktorat des „Corporis Evangelicorum" an den sächsischen Geheimen Rat übertrug, wodurch allerdings eine Stärkung der kurfürstlichen Macht gegenüber den Ständen verhindert wurde. Tatsächlich muß die Mißstimmung über den Glaubenswechsel bis in die untersten Schichten des Volkes übergegriffen haben, eine Mißstimmung, die sich auch in recht abfälligen Äußerungen über die Polenpolitik des Kurfürsten Luft machte. Zudem kam hinzu, daß die Macht Augusts II. in Polen, wie sich bald herausstellen sollte, sehr gering war. Auch in seinen Erblanden konnte sich der Kurfürst daher einen Kampf mit den Ständen nicht leisten. Flemming riet ihm immer wieder, sich streng an die mit den Ständen getroffenen Vereinbarungen, Konstitutionen und Landesgesetze zu halten. Als August II. in Dresden am 13. 11. 1727 einen neuen Landtag einberief, verzichtete er endgültig auf den uneingeschränkten Absolutismus.

Die historische Bedeutung der sächsisch-polnischen Union lag in der Freiwilligkeit dieses Staatenbundes. Angesichts starker Unterschiede in der wirtschaftlichen, nationalen und verfassungsmäßigen Struktur Polens und Sachsens war ein Zusammenwirken nur auf Grundlage der Freiwilligkeit gegeben. Langwierige Konflikte jedoch zwischen August dem Starken und den herrschenden polnisch-litauischen Ständen ließen eine absolutistische Herrschaft des Königs nicht aufkommen. Dem polnischen Adel war es gelungen, nicht nur die Bauern von sich abhängig zu machen, sondern auch die Städte politisch und wirtschaftlich weitgehend zu entmachten. Dadurch wurde das Königtum einer der wichtigsten Stützen beraubt. Um seine Stellung als König von Polen zu festigen, mußte August der Starke versuchen, durch allmähliche und systematische Reformen die Gegensätze innerhalb des Adels zu beseitigen, wobei dem König nur teilweiser Erfolg beschieden war. Es kam ihm vor allem darauf an, die wirtschaftlichen Potenzen des Landes zu entwickeln, Handel und Gewerbe zu fördern. An Ansätzen zu einer merkantilistischen Wirtschaftspolitik hat es nicht gefehlt, wie ein allerdings nicht zur Perfektion gekommenes Beispiel zeigt. Im Frühjahr des Jahres 1698 trat Johann Friedrich Thilow (Thilau), Kapitän des Segelschiffes „Santa Maria", mit dem Vorschlag an den König heran, eine See- und Handelskompagnie zu gründen, um einen weltweiten Überseehandel zu eröffnen. Voraussetzung dazu hätte allerdings die Gründung einer kgl. Handels- und Kriegsflotte und die Schaffung eines befestigten Ostseehafens als sicheren Stützpunkt „für fremde Personen und Effekten" sein müssen. Dabei hat der Kapitän, der den Wunsch Augusts des Starken, an die Ostsee zu gelangen, kannte, ganz gewiß an Riga gedacht. Dieser unternehmungslustige Kapitän wollte Amerika, auch Häfen in Asien und Afrika anlaufen. Eine strengere Prüfung dieses etwas phantastischen Projektes durch den König verhinderten der Ausbruch des Nordischen Krieges wie auch der dauernde Geldmangel; es ist später nicht wieder aufgenommen worden. Sicher mag sich der König dieses Planes erinnert haben, als er im Jahre 1731 den Leipziger Professor Joh. E. Hebenstreit eine naturwissenschaftliche Expedition nach Afrika ausrüsten ließ, deren Forschungsergebnisse der Universität Leipzig nach der Rückkehr am 17. 4. 1733 zugute kamen und damit das Zeitalter der wissenschaftlichen Forschungsreisen einleiteten.

Der Nordische Krieg

Die Personalunion zwischen Kursachsen und Polen verwickelte Kursachsen auch in den Nordischen Krieg, den der neue König im Bunde mit dem aufstrebenden Rußland und mit Dänemark gegen Schweden um den Besitz der baltischen Küstenländer führen mußte. Schon kurz nach der Übernahme der Polenkrone mußte er sich der türkisch-tatarischen Truppen erwehren und diese durch seinen Feldherren Potocki über die Grenzen zurückwerfen lassen. Dadurch gewann August der Starke im Carlowitzer Frieden 1699 Podolien und einen Teil der Ukraine zurück. In Litauen, wo Unruhen ausgebrochen waren, konnte er notdürftig die Ordnung wiederherstellen.

Der polnische Adel aber verlangte von seinem neuen König die Einlösung des in der Wahlkapitulation gegebenen Versprechens: die Wiedereroberung Livlands, auf das Polen im Frieden von Oliva 1660 zugunsten Schwedens hatte verzichten müssen.

Wie aber sah die politische Situation im Ostseeraum aus? Rußland in gewaltigem Aufstieg begriffen, beherrscht von dem eigenwilligen aber klugen Zaren Peter dem Großen, benachbart Schweden, Beherrscher des „Dominium Maris Baltici", das sich seit Gustav Adolfs Siegen im Dreißigjährigen Krieg zur jungen Großmacht entwickelt hatte. An der Spitze stand Karl XII., jener tollkühne König, der alle Leistungskraft zusammenraffte, um seine Stellung im europäischen Konzert der Großmächte zu behaupten und auszubauen. Weiche Stellen schien eigentlich nur die Ostflanke Polens zu bieten. Hierhin führten die Expansionspläne der deutschen und nordischen Nachbarn, richteten sich die Blicke Rußlands ebenso wie die anderer Mächte, in deren Kombination die Adelsrepublik Polen schon wegen ihrer strategisch wichtigen Lage keine geringe Rolle spielte. Dänemark kam es auf die Alleinbeherrschung des Sundes an, Brandenburg sah Vorpommern nicht gern in schwedischen Händen und Polen selbst lag daran, nicht vom Meere abgeschnitten zu sein. England führte seit langem einen Wirtschafts- und Handelskrieg gegen Frankreich und sah in Rußland in der Ostsee den künftigen Rivalen. Schweden flankierte gewissermaßen dieses politische Spannungsfeld.

Das war die politische Lage, als August der Starke die ersten Vorbereitungen zu einem Krieg mit Schweden traf. Ihm war es äußerst wichtig, Bündnispartner zu gewinnen, die seine Politik unterstützten. Über drei Jahre zog sich dieser Prozeß hin. Vorerst stand er mit seinen sächsisch-polnischen Truppen allein. Als erster Staat schloß Dänemark am 29. 3. 1698 mit dem König von Polen ein Bündnis. Es war ein Verteidigungsbündnis, in dem beide Teile sich zu einer gegenseitigen Hilfe von 8 000 Mann verpflichteten. Die Zusammenkunft mit dem Zaren Peter I. in Rava bei Lemberg vom 10. bis 13. August 1698 hatte zum Ziel, sich persönlich sowie die politischen Absichten Rußlands kennenzulernen. Desgleichen gelang es dem König zu einem Bündnis mit Peter dem Großen zu kommen — das vor der Adelsrepublik zunächst geheim gehalten wurde — und erst nach Abschluß des Carlowitzer Friedens mit der Türkei am 11. 11. 1699 bekannt und im Jahre 1703 als Schutz- und Trutzbündnis erneuert wurde. Die vier Tage der Begegnung beider Herrscher in Rava verliefen äußerst harmonisch. Mit militärischen Besichtigungen und in fast ununterbrochenem Alkoholgenuß vertrieb man sich die Zeit. Die beiden Herrscher fanden so großes Gefallen aneinander, daß sie sogar die Kleidung tauschten und zu Mummenschanz aufgelegt waren. So versuchte August der Starke von Polen aus, zusammen mit dem russischen Zaren und dem dänischen König, ein großes Reich im Osten unter Aufteilung der kontinentalen schwedischen Besitzungen zu schaffen. Flemming hatte von solchen „Bündnissen" dringend abgeraten, ohne bei August II. Gehör zu finden.

In der Absicht, Livland baldigst von der schwedischen Herrschaft zu befreien, wurde August der Starke von Johann Reinhold von Patkul, einem livländischen Edelmann bestärkt, der zu ihm durch Vermittlung Flemmings im Jahre 1698 gestoßen war. Patkul war in Schweden im Jahre 1694 als Aufwiegler zum Tode verurteilt worden. August der Starke bediente sich seiner gern, da er in Kriegs- und Staatsangelegenheiten sehr erfahren war. Seit dem Jahre 1703 in Peters Diensten war Patkul auch am Dresdener Hof als außerordentlicher Gesandter des Zaren tätig. Patkul war es, der die Eroberung Livlands als leichtes Spiel bezeichnete

Eberhardine, Gattin August des Starken

August der Starke
Gemälde von Louis de Silvestre

und dem König in seiner Denkschrift vom 7. 4. 1699 empfahl, durch einen Handstreich so schnell wie möglich in den Besitz von Riga zu gelangen. Das „Theatrum Europaeum", das in Frankfurt/M. erschien, berichtete damals zum Jahre 1700: Patkul sei es gewesen, der bei August dem Starken „vermutlich solche Vorstellungen getan, wodurch endlich dieser Krieg seinen Anfang genommen". Jedenfalls stellte sich August der Starke ganz und gar auf den Boden der Patkulschen Vorstellungen. Dieser muß als Anstifter der ersten, vorzeitigen und für die schwedische Ostseestellung gefährlichsten kriegerischen Explosion gelten. Deshalb auch der Haß, der sich an seinen Namen heftete. In jeder Hinsicht verfuhr August der Starke nach Patkuls Angaben. Patkul wurde für ihn ein unentbehrlicher „Sachverständiger".

In dem sächsisch-polnischen Kriegsmanifest vom Jahre 1700 gibt August der Starke folgende wichtige Kriegsgründe an: Livland habe wegen seiner Unterdrückung durch Schweden bei Polen Hilfe gesucht. Ferner habe Schweden Friedrichs IV., des Herzogs von Holstein-Gottorp, Partei ergriffen und sich deswegen Dänemark feindlich entgegengestellt, mit dem Polen in Bündnis stehe. Karl XII. bezeichnete diese Gründe als boshafte Erfindungen des Königs von Polen. Der Krieg brach aus. Die dänisch-schwedischen Kriegshandlungen in Holstein gipfelten in dem Frieden von Travendal vom 28. 8. 1700.

Inzwischen marschierten die Russen auf Narva zu, eine Tatsache, die vom Bundesgenossen August dem Starken nur mit Vorbehalt aufgenommen wurde, denn solch ein Vorgehen konnte die Besitznahme Livlands gefährden. Am 30. 11. 1700 wurde Peter der Große von dem 18jährigen Karl XII. vernichtend geschlagen. Karl XII. stand jetzt vor der Wahl, entweder den Marsch auf Moskau zu wagen oder sich gegen August den Starken zu wenden. Er verzichtete auf den russischen Feldzug, schon aus klimatischen Gründen, um zunächst den König von Polen zu schlagen. Peter der Große jedoch nutzte die Kampfpause, um unablässig an der Erhöhung und Steigerung der Schlagkraft seines Heeres zu arbeiten, eine Leistung, die sich bald auszahlen sollte.

Die reguläre Armee wurde von etwa 40 000 Mann bei Beginn des Krieges bis Ende 1708 auf 173 000 Mann gebracht.

Die Folge der Niederlage Peters des Großen war vorderhand eine Stärkung der Position Augusts des Starken. Im Februar 1701 vereinbarten August der Starke und Peter der Große ausdrücklich, daß im Falle eines glücklichen Kriegsausganges Livland und Estland an den König von Polen und an die polnische Adelsrepublik zurückfallen sollten und sich der Zar mit Ingermanland und Karelien begnügen würde. Aber wie anders sah es am Ende des Nordischen Krieges aus!

Das Rigaer Unternehmen Augusts des Starken erwies sich im Juli 1701 als glatte Fehlspekulation, obwohl Patkul einige Zeit vorher heimlich in Riga geweilt hatte, um im Adel und in der Bürgerschaft für den Abfall von Schweden zu werben. Mit seinen „Carolinen" vertrieb Karl XII. den polnischen König. Der Zar hielt sich vorerst noch zurück.

Die Russen errangen später Erfolge in Livland und eröffneten den Vormarsch auf die Newa-Linie. Im Oktober 1702 eroberte Peter der Große die schwedische Festung Schlüsselburg. Am 27. Mai 1703 gründete er an der Newa Festung, Stadt und Hafen St. Petersburg. Mit der Eroberung von Dorpat und Narva im August 1704 sicherte der Zar die Newa-Linie und die neu gegründete Hafenstadt. Schon damals war Peter der Große entschlossen, entgegen den Abmachungen vom Februar 1701, die livländischen Eroberungen nicht an August den Starken zurückzugeben.

Inzwischen war der Siegeszug Karl XII. gegen August den Starken Zug um Zug durch Polen weitergegangen. Selbst die Eroberung Kurlands durch die Russen 1704/1705 konnte den Schweden im Vormarsch zur Vernichtung des polnischen Königs nicht aufhalten. Warschau öffnete Karl XII. seine Tore und zahlte freiwillig 100 000 Gulden. August der Starke wich nach Krakau aus, aber auch hier war Karl XII. nach heftiger Schlacht siegreich. August der Starke floh nach Sendomir. Die Beute in Krakau war für die Schweden erheblich. Die gesamte Artillerie, die Kriegskasse, das silberne Tafelgeschirr des Königs und die ganze Bagage fiel in die Hände Karls XII. Er ließ August den Starken im Februar 1704 in Krakau als König von Polen absetzen. Stanislaus Leszczynski wurde als Stanislaus I. Nachfolger Augusts des Starken. Damals hätte August der Starke die Krone Polens gern niedergelegt, wenn ihm nicht Patkul die militärische Hilfe Peters I. versprochen und damit zur Fortsetzung des Kampfes bewogen hätte. Karl XII. versetzte zwar August dem Starken noch einen weiteren vernichtenden Schlag im Frühjahr 1706 bei Fraustadt in der Nähe von Lissa, kam aber nie trotz mannigfacher kleinerer Siege zu entscheidenden Vorstößen gegen ihn. Plötzlich machte Karl XII. dem dauernden Manövrieren im stark verwüsteten polnischen Raume ein Ende und setzte am 1. 9. 1706 bei Steinau in Schlesien über die Oder, um in Kursachsen einzufallen, dabei Augusts des Starken russisch-sächsische Kräfte umgehend. August versuchte Unterhandlungen mit Karl XII. aufzunehmen, die von dem Geheimen Referendar Pfingsten für August II. und von dem Grafen Piper für Karl XII. geführt wurden und die zu dem für August den Starken vernichtenden Friedenstraktat vom 24. 9. 1706 führten.

Die schweren Bedingungen wären zumindest in Frage gestellt worden, hätte August der Starke die am 29. 10. 1706 in Kalisch mit Hilfe russischer Truppen unter Führung von Menšikow gewonnene Schlacht, bei der der schwedische General Marderfeld gefangengenommen wurde, zu nutzen gewußt. Es war die größte Schlacht, die im Nordischen Krieg überhaupt geschlagen worden war. Die Niederlage der Schweden in Kalisch hatte sehr viele Anhänger Stanislaus I. veranlaßt, August II. erneute Treuebekenntnisse zu leisten. Jedoch August der Starke wollte die ausgehandelten Friedensbedingungen nicht antasten, entließ alle Gefangenen und eilte in seine Erblande. Eine bis heute von den Historikern nicht geklärte unverständliche Handlung!

Die Altranstädter Friedensbedingungen, die einer Kapitulation Augusts II. gleichkamen und ohne Verständigung mit dem Bundesgenossen geschlossen wurden, waren hart. August der Starke sollte auf das Königreich Polen — die Wurzel des leidigen Krieges — verzichten, sowie auf alle zugehörigen Gebiete und Rechte zugunsten Stanislaus I. Namen und Ehre eines Königs sollten August dem Starken aber ohne Wappen und Titel bleiben. „Alle Untertanen entsagen ihren Würden und Rechten zugunsten des neuen Königs, ohne vorher aus ihrem Dienstverhältnis formell scheiden zu können. Der scheidende wettinische König und die Republik trennen sich von allen Bündnissen und Eroberungen, vornehmlich von denen mit dem Zaren von Moskau. Alle Moskowiter im sächsischen Dienste, wie auch alle Sachsen im Dienste des Zaren werden zurückgerufen. An König Stanislaus I. gehen alle Schmuckstücke, Edelsteine und Ornate aus polnischem Besitz über, wie auch alle in Sachsen geführten polnischen Dokumente." Karl XII. forderte ferner die Freilassung aller Gefangenen, Soldaten, hohen Offiziere, Obersten und Generäle. Nur die unteren Dienstgrade sollten nach eigenem Ermessen entscheiden können, ob sie bei August dem Starken bleiben wollten.

Die Frage war nun, was sollte mit Johann Reinhold Patkul geschehen. Dieser planreiche, ehrgeizige Livländer saß schon seit Dezember 1705 als Gefangener Augusts des Starken auf dem Sonnenstein bei Pirna und später auf dem Königstein, weil er die Erwartungen des Königs enttäuscht hatte. Am 19. 1. 1707 unterzeichnete August der Starke nach dem Treffen mit Karl XII. in Günthersdorf bei Altranstädt den Friedensvertrag. August der Starke ließ sich diese tiefe Erniedrigung nicht anmerken und erschien mit allem Prunk eines Königs, während Karl XII. in schlichter Felduniform das Dokument unterschrieb. Mit der Unterzeichnung war auch das Schicksal Patkuls besiegelt. August der Starke hatte dem Drängen des Schwedenkönigs nachgegeben und lieferte ihn am 8. 4. 1707 den Schweden aus. Karl XII. ließ Patkul am 20. 10. 1707 auf grausamste Weise — auf dem Rade — in Casimierz hinrichten. Gegen eine Auslieferung Patkuls an Karl XII. hat Peter der Große vergebens protestiert, wie er es auch nicht durchsetzen konnte, daß sein Minister ihm zur Aburteilung übergeben werden sollte. Daß August der Starke die Auslieferung nicht zu verhindern gewußt hat, wurde ihm in der internationalen Beurteilung lange Zeit arg verdacht. Anders verhielt es sich mit den Söhnen Johann Sobieskis, den Prinzen Jakob und Constantin Sobieski. Sie wurden dem Friedensvertrag entsprechend auf freien Fuß gesetzt. August II. hatte sie während des Nordischen Krieges in Sachsen gefangengehalten, da er fürchtete, daß sie gegebenenfalls von Karl XII. als Thronprätendenten aufgestellt werden könnten.

Die schwedischen Truppen verblieben in Sachsen; sie wurden auf sächsische Quartiere verteilt und mußten von der Zivilbevölkerung verpflegt werden. Es war eine drückende Bürde für das Land Sachsen, das dadurch wirtschaftlich arg in Mitleidenschaft gezogen wurde. 23 Millionen Taler kostete der Bevölkerung Sachsen ein Jahr Besatzung durch die Schweden.

Hier in Sachsen war der schwedische König mit seinem siegreichen Heere eine Potenz auch für die westlichen Zusammenhänge. Im Westen tobte der Spanische Erbfolgekrieg. Frankreich suchte Karl XII. für die Interessen Ludwigs XIV. zu gewinnen. Malborough verhandelte mit ihm im Namen der Seemächte. Aber die befürchtete Einmischung seitens der Schweden in den Spanischen Erbfolgekrieg unterblieb. Die Auseinandersetzung mit dem russischen Gegner lag Karl XII. näher. In den ersten Septemberwochen des Jahres 1707 zogen sich die Schweden aus Sachsen zurück, nachdem sie das Land gründlich ausgeplündert hatten und überschritten südöstlich Thorn die Weichsel.

Dieser Friedensschluß von Altranstädt löste bei fast allen europäischen Höfen größte Überraschung aus, vor allem auch deswegen, weil August der Starke die gewonnene Schlacht von Kalisch nicht diplomatisch genutzt hatte. Mag sein, daß August in dem Augenblick, als Karl XII. in Sachsen einfiel, auf Hilfe des Reiches und Österreichs gehofft hatte. Aber sie blieb aus. Spätere dynastische Solidaritätsgefühle konnten das Versäumte nicht wieder gut machen. Gerechterweise muß man auch anerkennen, daß August II. selbst in Zeiten der ärgsten Bedrängnis durch den Schwedenkönig seine Pflicht gegenüber dem Reich nicht vergaß. 1703 kämpften sächsische Truppen bei Eisenbirn und Höchstädt gegen Bayern und Franzosen, 1705 am Rhein und 1708 an der Mosel. Es ist nicht übertrieben, wenn man feststellt, daß das Mißgeschick der Heere Augusts des Starken in Polen während des Nordischen Krieges zu einem nicht geringen Grade auch dieser Teilung seiner militärischen Kräfte zuzuschreiben ist.

Auf August den Starken blieben diese turbulenten Ereignisse nicht ohne Wirkung. Der harte Frieden von Altranstädt war für ihn der Tiefpunkt, das Ende einer zweifellos verfehlten, weil leichtfertigen Politik. Die Rechtsgültigkeit dieses Friedensvertrages hatte er von Anfang an bestritten. Deshalb überraschte es nicht, daß er, noch ehe ihn die Nachricht von dem für Karl XII. unglücklichen Ausgang der Schlacht bei Poltawa im Jahre 1709 erreichte, den Altranstädter Vertrag als nichtig bezeichnete, weil abgepreßt, und seine Unterschrift annullierte.

Peter der Große spielte auch nach dem Zusammenbruch Karls XII. mit August dem Starken ein doppeltes Spiel. Er erklärte ihm nach Poltawa, daß er Krieg in Livland nur deshalb führe, um Livland für Polen zurückzugewinnen, obwohl er bereits im Jahre 1704 Narva und Dorpat als russische Städte bezeichnet hatte. Das im Oktober 1709 in Thorn und Marienburg erneuerte Bündnis Augusts des Starken mit dem Zaren und Friedrich Wilhelm I. von Preußen nach der Verdrängung Stanislaus I. und der Wiedereinsetzung Augusts als König von Polen enthielt eine geheime Klausel, worin der Anspruch Augusts auf Livland „mit allen Städten und Orten" festgelegt wurde, dem Zaren aber Estland zugesprochen wurde. Später wurden die Stände Livlands durch Peter den Großen veranlaßt, ihm als ihrem Landesherrn zu huldigen. Damit ist von vornherein erwiesen, daß Peter schon immer gesonnen war, das eroberte Livland dem Zarenreich einzuverleiben. Peter lag vor allem am Besitz der Ostseehäfen.

Bis 1713 nahm August der Starke an der Eroberung Stettins und Schwedisch Pommerns teil. Die Früchte dieser militärischen Erfolge konnte er aber infolge der bürgerkriegsähnlichen Zustände in Polen nicht ernten. Im Gegenteil, der polnische Reichstag nahm August II. das Versprechen ab, nur 1 700 Mann in Polen unter dem Befehl des polnischen Reichstages zu halten.

Die deutschen Besitzungen Schwedens waren so gut wie verloren. Das Interesse am deutschen Besitz Schwedens veranlaßte Preußen zum Petersburger Geheimvertrag vom Juni 1714 mit dem Zaren. Preußen garantierte ihm den Besitz von Ingermanland, Karelien und Estland — eine Abmachung, die bereits in den Verträgen von 1701 und 1709 mit August II. beschlossene Sache war — und sicherte ihm außerdem „gute Dienste" für den Erwerb Livlands zu, wofür der Zar versprach, nicht ohne die Abtretung von Stettin und Vorpommern an Preußen mit Schweden Frieden zu schließen.

Inzwischen liefen seit einigen Jahren geheime Verhandlungen der Bevollmächtigten Augusts des Starken mit denen Ludwigs XIV. über eine Annäherung Polens an Frankreich. Die politischen Interessen beider Höfe zielten darauf ab, die Macht Kaiser Karls VI. nicht anwachsen zu lassen. In Polen mußte August der Starke mit der Partei des verdrängten Leszczynski rechnen, deren Anhänger nach 1709 nicht alle emigriert waren. Somit hoffte August der Starke durch eine Annäherungspolitik an Frankreich seine Stellung auf dem polnischen Thron befestigen und gegebenenfalls sogar das Erbrecht einführen zu können. Die treibende Kraft dieser Verhandlungen war der ursprünglich in Danzig ansässige französische Gesandte Besenval, der im Jahre 1713 nach Warschau übersiedelte. Ludwig XIV. glaubte, durch einen Vertrag mit August dem Starken die Befriedung ganz Europas zu erreichen. Nur so können die Klauseln des im November 1713 ausgehandelten Vertragsentwurfs verstanden werden. August der Starke wollte Karl VI. keine Truppen mehr stellen und Ludwig XIV. Schweden keine Hilfe mehr leisten. Außerdem versprachen beide Partner, die Bedingungen des Westfälischen Friedens zu achten. Flemming, der an diesem Vertragsentwurf nicht mitgearbeitet hatte, legte gegen ihn sein Veto ein. Er, wie auch andere Minister, fürchteten die negative Reaktion Österreichs und Rußlands. Peter, durch den Dänischen Hof von den Verhandlungen inzwischen unterrichtet, trat sofort mit der Opposition in Polen in Verbindung, die bei ihm Hilfe gesucht hatte, um die Freiheit des polnischen Adels zu verteidigen und die Absetzung Augusts des Starken zu betreiben. Der Frieden zu Rastatt 1714 jedoch, der Österreich nun auch zu einer italienischen Macht erhoben hatte, ließ es nur zu einem eingeschränkten Vertrag zwischen Polen und Frankreich kommen. Beide Höfe versprachen sich gegenseitige Hilfe und wollten für die Festigung des Friedens in ganz Europa eintreten. Unterzeichnet wurde dieser Freundschaftsvertrag von August dem Starken in Rydzyna am 20. August 1714 und von Ludwig XIV. nur mit Zögern ratifiziert. Der Vertrag konnte niemals das Fundament für eine wirkliche Zusammenarbeit sein. Vorerst aber unterstützte die französische Partei unter Führung von Besenval die Absichten Augusts des Starken, seine Macht in Polen zu stärken. Aber schon im Jahre 1715 stellte sich Frankreich wieder auf die Seite Karls XII., gewährte ihm finanzielle Unterstützung und festigte ihn in seiner Position.

Das Verhältnis Augusts des Starken zu Peter dem Großen blieb nach diesem Vertrag zunächst gespannt. Als August sogar versuchte, die Türkei gegen Rußland zu gewinnen, bot Peter dem polnischen Adel bei einer evtl. Revolte gegen August II. seine Hilfe an. Schließlich kam es in Danzig aber doch wieder zu einer Verständigung zwischen beiden Fürsten. So endete der Versuch der Annäherung Polens an Frankreich, die August dem Starken eine Gleichberechtigung unter den europäischen Fürsten hätte einbringen können, mit einer stärkeren Abhängigkeit von seinen Verbündeten. Insofern ist dieser Freundschaftsvertrag vom August 1714 nicht als zweitrangig abzutun, wie es bisher geschah. Dieses vielfache, oftmals ans Utopische grenzende Pläneschmieden Augusts des Starken in diesen politischen Verhandlungen, ist ein besonderes Charakteristikum des Königs, auf das wir auch bei seinen Bauvorhaben immer wieder stoßen.

Ein gefährlicher Gegner der Ostsee-Bestrebungen Peters des Großen wurde im Verlaufe des Nordischen Krieges die Seemacht

England. Sie befürchtete, daß Rußland nach dem endgültigen Erwerb der baltischen Seehäfen im Besitz eines Monopols auf die wichtigsten Schiffsmaterialien wie Mastenholz, weiterhin Hanf, Flachs usw. sein und daß England dadurch in wirtschaftliche Abhängigkeit von Rußland geraten könnte. Im Jahre 1720/21 war England deshalb zu einem Koalitionskrieg gegen Rußland bereit, drang aber mit seiner Absicht bei den europäischen Kabinetten nicht durch, vor allem lehnte der Kaiser, obwohl er am 5. 1. 1719 mit August dem Starken und dem Kurfürsten von Hannover eine Defensivallianz gegen Peter den Großen gebildet hatte, eine kriegerische Mitwirkung ab. Mit Schweden schloß Polen im Jahre 1719 Waffenstillstand.

So war schließlich das Ergebnis des gesamten Nordischen Krieges, daß Schweden in den Rang einer kleinen Macht zurückgedrängt wurde — Karl XII. war 1718 vor der Festung Friedrichshall gefallen — während Rußland als neue Großmacht unter Peter dem Großen hervortrat. Peter der Große stieß zur Ostsee vor und erwarb im Frieden von Nystadt 1721 Estland und das August dem Starken vielfach versprochene Livland als autonome Provinzen. Es wurde ein Erwerb, der Rußland den Eintritt in die europäische Staatengemeinschaft wesentlich erleichterte.

Eine der wichtigsten Erkenntnisse brachte für August den Starken der Verlauf des Nordischen Krieges: Die Notwendigkeit, seine Söldnertruppen in ein stehendes Heer zu verwandeln. Gegen Ende seines Lebens hatte er erkennen müssen, daß allen seinen diplomatischen Bemühungen der militärisch fest gebaute Hintergrund gefehlt hatte. Bisher wurden die Soldaten durch Werbung gewonnen. Sold, die zu erwartende Beute, Verpflegung und Kleidung spielten dabei eine ausschlaggebende Rolle. Da solche Soldaten oft unzuverlässig waren, wie August der Starke in diesem verlorenen Krieg hatte erfahren müssen, ganz abgesehen von der Geldsumme, die sie kosteten, kam der König zu der Überzeugung, daß das Heer von Staats wegen unterhalten werden müßte. Diese umstürzende Veränderung im Armeewesen brachte naturgemäß eine erhebliche Belastung der staatlichen

Finanzen, die nur durch Erhöhung der Steuern ausgeglichen werden konnte. Die Stände waren erbitterte Gegner der Machterweiterung des Königs, die das stehende Heer bedeutete. Sie opponierten gegen jede Steuererhöhung zu diesem Zwecke. Jedoch die üblen Erfahrungen, die August der Starke mit seinen Defensioners im Kampf gegen die Schweden gemacht hatte, zwangen ihn zu entscheidenden Maßnahmen. Er führte die Umgestaltung nicht abrupt durch, sondern in langsamer wohlüberlegter Folge. Dabei erwies sich August der Starke als guter Organisator, als ein Soldat von Sachkenntnis und großer Energie. Seine erste Aufgabe war es, die Armee aus den privaten Unternehmungen autonomer Obersten zu einem landesherrlichen Instrument auszubauen. Die Inhaber von Regimentern hatten nicht mehr das Recht, Offiziersstellen zu vergeben. Über Besetzung dieser Stellen hatte künftig allein der König zu bestimmen, wie er auch über Beförderungen verfügte, denn er führte eine geheime Konduitenliste und kannte jeden seiner Offiziere. Sein im Jahre 1715 von ihm selbst entworfenes „Dienst- und Exerzierreglement" enthielt genaue Anweisungen für die Kommandanten der Zitadellen und Schlösser, ferner Garnison-, Schieß- und Salutiervorschriften, Exerzierreglements und Manöverübungspläne, Projekte zur Landesverteidigung und zur Kriegführung im offenen Felde. Der König bestimmte selbst Schnitt und Farbe der Uniformen der verschiedenen Truppenteile. Desgleichen wurde von ihm in dieser Dienstvorschrift Besoldung und Verpflegung festgelegt. Die Ausgaben für das gesamte Waffenwesen übernahm die Generalkriegskasse. So wurde durch des Königs energisches Handeln aus dem Konglomerat schlecht disziplinierter Haufen eine Armee, auf die sich der Landesherr in Krieg und Frieden verlassen konnte. Es standen dem König gegen Ende seiner Regierungszeit 14 Infanterie- und 17 Kavallerieregimenter sowie ein Bataillon Artillerie — im ganzen 30 000 Mann — zur Verfügung. Mit Stolz konnte August der Starke im Jahre 1730 dem Preußenkönig Friedrich Wilhelm I. und dem Kronprinzen den Erfolg seiner militärischen Anstrengungen in

Zeithain vorführen. Die Hauptberater bei der Umgestaltung des Heeres waren die Generäle von Flemming und von Wackerbarth. Für die Ausbildung der Offiziere — meist junge Adelige — hatte August der Starke sofort bei Regierungsantritt im Jahre 1694 nach dem Vorbild anderer absolutistischer Herrscher eine Ritterakademie in Dresden eröffnet. Diese Ritterakademien sollten anstelle der alten konfessionell gebundenen Bildung eine moderne „weltmännische" vermitteln. Die Unterrichtssprache war nicht mehr Latein, sondern Französisch, ihr Bildungsideal das eines „Kavaliers" der modernen Zeit. Die „Kadetten", wie die Besucher der Ritterakademie genannt wurden, wurden standesgemäß erzogen, erhielten aber noch besonderen Unterricht in Festungsbaulehre, Architektur, im Tanzen wie im Turnen. Gemeinsame Unterkunft fanden die Dresdener „Kadetten" seit dem Jahre 1730 im Wackerbarthschen Palais in der Dresdener-Neustadt.

Augusts des Starken Bauten in Sachsen

Bedeutsamer als auf dem militärischen und politischen Sektor ist die Regierungszeit Augusts des Starken durch das Ausmaß seiner Erfolge auf künstlerischem und kulturellem Gebiete. Als er durch den unerwarteten Tod Johann Georgs IV. die Kurwürde übernahm, eröffnete sich ihm plötzlich die Aussicht, die Wunschträume seiner Jugend verwirklichen zu können. Dieser Wunsch steigerte sich, als ihm drei Jahre nach der Regierungsübernahme in Sachsen die Königskrone in Polen zufiel. Nun konnte er seine neue Würde auch in Polen in Bauten dokumentieren.

Im Dienste seiner Feste und Stimmungen hat die Kunst in Sachsen Werke geschaffen, die für alle Zeiten höchste Anerkennung finden. Besonders Dresden, die kurfürstliche Residenzstadt, ist durch die Bauleidenschaft und den starken Willen des Herrschers, in die Reihe der großen Kunststädte der Welt eingereiht worden. Dabei wird deutlich, daß ein Souverän einer ganzen

Stadt den Stempel der eigenen schöpferischen Betriebsamkeit aufdrücken kann. August der Starke war dafür der ausgeprägteste Vertreter in Deutschland. In Polen mußte die Baukunst die politischen Ziele unterstützen, denn nur so konnte er hoffen, neben seinem großen Vorgänger Johann Sobieski bestehen zu können.

Der architektonische Unterricht in seiner Jugend, seine Reisen nach Frankreich, Spanien und Italien und das Studium der wichtigsten zeitgenössischen Literatur befähigten ihn, seine Konzeption selbst zu fassen und seinen Architekten, Zeichnern usw. fest umrissene Baupläne vorzulegen. Er war ein guter „Gedankengeber", der sehr oft mit Plänen hervortrat, die sich zur Ausführung eigneten. In den Archiven Dresdens finden sich noch Hunderte solcher Pläne, eigener Skizzen, Randbemerkungen und Entwürfe, auf denen oft die Zusätze stehen „mit eigener Hand vom König" oder „die Ideen hat der König formiret". Dabei verfuhr er nicht eigensinnig, sondern er ließ sich auch gern belehren und umstimmen. Hatte er aber einmal einen Gedanken für richtig befunden, dann mußte er in zahlreichen Versuchen ausgestaltet werden, um so zur „vollen Reife" zu gelangen. August der Starke war eben in seinen Plänen ein Barockmensch von Format. Wie der Barock eine ungeduldige Kultur ist, die nicht warten und den Abstand zwischen Entwurf und Ausführung kaum ertragen kann, so war es auch mit den königlichen Entwürfen, die stets ihrer Zeit weit voraus waren und die nicht selten irreal und utopisch die Möglichkeiten der Verwirklichung in Frage stellten. So mag der sachkundige Bauherr für den Architekten nicht immer ein willkommener Genosse am Werk gewesen sein. Die Rückwirkung aber auf die öffentliche und private Bautätigkeit und auf die allgemeine Geschmackskultur in Sachsen ist nirgends zu verkennen.

Des Königs Bauvorhaben im eigenen Lande wie in Polen mußten infolge des verlustreichen Nordischen Krieges zunächst zurücktreten. Bezeichnend für den Charakter Augusts des Starken ist dabei sein nie erlahmender Optimismus. „Wenn er nicht bauen konnte, ließ er doch von den Plänen zur Verschönerung seiner Residenz nicht ab" (H. Heckmann). Erst nachdem durch den Abzug der Schweden wieder Ruhe im Lande eingetreten war und er wieder die polnische Königskrone trug, konnte das Unterbliebene, das nur Geplante realisiert werden. Die Handwerker erhielten Aufträge über Aufträge. Im sächsischen Bauwesen konnten sich die schöpferischen Kräfte entfalten. Mit Tatkraft, Geschmack und Geschick rief der König die Künstler, Architekten, Zeichner, die er benötigte, ins Land. Aber keine servilen, ihm nach dem Munde redenden Künstler durften es sein, sondern selbständig handelnde Männer. Ihm war die Fähigkeit gegeben, künstlerische Begabungen zu erkennen, die er ganz zu erfüllen wußte und denen er Aufgaben stellte, die zu den glücklichsten architektonischen Schöpfungen führten.

Das Bauwesen war in Sachsen schon immer behördenmäßig organisiert. Das Oberbauamt, die Spitze der Behörde, wurde nach überkommenem Brauch von einem Offizier geleitet, da ursprünglich vor allem Festungsbauten ausgeführt wurden. Seit dem Jahre 1696 führte Oberst Christoph August von Wackerbarth das Oberbauamt. Im Laufe der Jahre wurde er „General-Intendant und Oberinspektor aller Militär- und Zivilbauten". Im Jahre 1728 übernahm der Generalleutnant Jean de Bodt diesen Posten. Wackerbarth, der es vorzüglich verstand, die oft ins Uferlose gehenden Bauabsichten des Königs zu bremsen, konnte auch meist auf Grund seiner Vertrauensstellung zum König zwischen diesem und seinen Architekten vermitteln.

Johann Friedrich Karcher war seit 1699 im Oberbauamt Oberlandbaumeister. Der bedeutendste und durch den Zwingerbau im Volke bekannteste war der Westfale Matthes Daniel Pöppelmann: 1703 Landbaumeister, seit 1718 Oberlandbaumeister. Er stammte aus Herford/W., wo er am 3. 5. 1662 geboren wurde. Obwohl die Vorfahren Pöppelmanns begüterte Kaufleute waren, wuchs Pöppelmann in bescheidenen wirtschaftlichen Verhältnissen auf. Schon unter Johann Georg III. stand er in Dresden in kurfürstlichen Diensten. Für August den Starken entwarf und errichtete er die Bauvorhaben nicht nur für die Residenzstadt Dresden und in Polen, sondern auch die sakralen Bauten in Sachsen, die Gärten, Brücken und Tore, die militärischen Anlagen u. v. a. m. Seinen Sohn Carl Friedrich Pöppelmann, der durch seine Zeichnungen besonders hervorragte, holte der König neben den Vater ins Bauamt und ließ ihn Zeichnungen von Hoffesten, militärischen Übungen und sonstigen Bauprojekten in Polen ausarbeiten. Als zweiter Oberlandbaumeister trat im Jahre 1722 der Franzose Zacharias Longuelune, der durch seinen, ganz der französischen Klassik verpflichteten modernen Stil, Aufsehen erregte. Im Jahre 1728 wurde Johann Christoph Knöffel dritter Oberlandbaumeister.

Da der König seine Bauabsichten in Polen nicht allein durch das Dresdener Bauamt ausführen lassen konnte, schuf er im Jahre 1715 für die Verwaltung, das Planen und Bauen eine zweite Baubehörde in Warschau, die wiederum ein Militär, der Oberstleutnant im Ingenieurkorps Johann Christoph Naumann, einrichtete und leitete. Joachim Daniel Jauch, aus Meißen stammend, wurde sein Nachfolger. Andere hervorragende Talente, die August der Starke an sich zog, waren der Oldenburger Richard Christoph Münnich, Johann Sigmund Deybel sowie der Vetter Knöffels, Anton Friedrich Richter, der nicht in festem Vertragsverhältnis stand; er war ein vorzüglicher Zeichner. Dabei handelte es sich tatsächlich um die sächsische Baukunst, nicht etwa um einzelne Bauten und Entwürfe sächsischer Architekten in Polen, sondern um einen dorthin verpflanzten Zweig der sächsischen Baukunst, der organisatorisch in dem Warschauer Bauamt zusammengefaßt war.

Beide Bauämter standen in engstem fachmännischem Austausch, wie aus den vielen Reiseabrechnungen zu ersehen ist. Oft schufen die Architekten ihre Pläne von Dresden aus, meist aber lebten sie ständig in Warschau. Neben den Architekten, Verwaltungsbeamten reiste meist eine ganze Schar von Handwerkern mit nach Warschau.

Die schönsten Barockbauten schuf August der Starke in seiner Residenzstadt Dresden, von denen die meisten in der Schrekkensnacht vom 13./14. Februar 1945 vernichtet und nur wenige wiederaufgebaut wurden. Allen voran steht Pöppelmanns Zwinger, eine einmalige barocke Außenarchitektur, die es in der Welt gibt.

Viele Entwürfe zu diesem Bau wurden auch vom Bauherrn projektiert, die aus reiner Lust am Planen entstanden, ohne je Wirklichkeit zu werden. Der König wollte anfangs nur eine halbkreisförmig abgestufte Terrassenanlage zur Aufstellung von Schätzen der Orangerie gebaut haben. Aber Pöppelmann wollte Großes schaffen. An der Stelle, wo heute die Gemäldegalerie steht, befand sich am Anfang des 17. Jahrhunderts eine ganze Reihe von Gebäuden der Hofhaltung, ein Reithaus, ein Schießhaus und ein Komödienhaus. Den Platz dahinter bis zum Festungswall nahmen wenig schmuckvolle Gärten ein. Diese bezog Pöppelmann in wesentlich größerem Umfange, als der König gedacht hatte, in seinen Orangerieplan ein. Ein im Jahre 1710 für ein Reitfest gebautes hölzernes „Amphitheater" bot weitere Anregungen für das Ganze und für die Architektur der Arkaden zwischen den Pavillons. Aus der bloßen Orangerie wurde also schon ein großer Festplatz. Dazu kamen noch des Königs Museumspläne. Auf der anderen Seite aber fehlte immer das Geld, so daß Pöppelmann um sein Werk bangte. Durch immer neue Projekte, eines immer großartiger und verlockender als das andere dargestellt, suchte Pöppelmann das Interesse für den Zwinger wachzuhalten. Am Geldmangel mußten alle diese Riesenpläne von vornherein scheitern. Mit Mühe wurde im Jahre 1719 zu den großen Hoffesten anläßlich der Vermählung des Kurprinzen die Ostseite des Zwingers notdürftig fertiggestellt. Aber die Projekte Pöppelmanns waren doch nicht verlorene Mühe gewesen, sie kamen den Pavillons zugute. Diese allein sind im Gegensatz zu den in italienischer Renaissance erbauten Arkaden, Barockwerke, vor allem außer dem Portalpavillon der Südseite der Wallpavillon, ein Edelstein deutscher Barockkunst. Auf dem Wallpavillon befindet sich als obere Bekrönung die Bildsäule des Herkules mit der Weltkugel. Ein Hinweis wohl auf den „sächsischen Herkules", der zur Last der Herrschaft in Sachsen, noch die von Polen und dem Deutschen Reich auf seine Schultern genommen hat. Bekanntlich übte August der Starke nach dem Tode Kaiser Josefs I. bis zur endgültigen Wahl des neuen Kaisers das Amt eines Reichsvicars aus.

Von 1709 bis 1732 wurde an dem Zwinger gearbeitet. Für den Skulpturenschmuck stand Pöppelmann einer der größten Bildhauer des Barocks zur Seite: der Salzburger Balthasar Permoser und seine Mitarbeiter Benjamin Thomae und Christian Kirchner. In Permoser hatte Pöppelmann einen Bildhauer gefunden, der ganz auf seine Ideen einzugehen verstand, so daß Architektur und Plastik sich in harmonischer Einheit gegenseitig steigerten und die heitere Grundstimmung des ganzen Wunders zum Ausdruck kam. Mit spielerischer Phantasie bereichern Mädchenköpfe und Najaden, Muscheln, Füllhörner mit Blumen, Blüten und Blättern die bauchigen Vasen. An den Schornsteinköpfen sind aus Kupferblech Profile, Roll- und Blattwerk, Blütendolden und Maskenreliefs in jeder gewünschten Form getrieben. Mit größter Phantasie sind viele vergnügliche Einzelheiten geschaffen, wie die Satyre und Masken an den Konsolen und Arkaden, die graziösen Tänzerinnen, pausbackige Putten, verführerische Nymphen, Gaukler und Narren. Permosers Gestalten sind körperhafte Verbildlichung des organisch gewachsenen Bauwerks, in dem die Sprache des hohen und mehr auf Würde als Hörigkeit eingestellten Barocks in die Anmut des Rokoko hinüberwechselt. Die Innendekoration führten die beiden Hofmaler Louis de Sylvestre und Christian Fehling aus.

Der Zwinger war von vornherein als Platz für Hoffeste, Turniere, Jagden u. dgl. gedacht. Höhepunkt der Zwingerfeste war die Hochzeit des Kurprinzen mit der Kaisertochter Maria Josepha im September 1719. Der König ließ Feste ausrichten, die alles bis dahin Erdachte in den Schatten stellten. Für jeden Tag des Monats waren glänzende Veranstaltungen vorgesehen:

Wallpavillon im Zwinger

(Foto Marburg)

ERID. AVGVSTVS I.
DVX SAXONIAE S.R.I. PRINCEPS
ELECTOR ARCHIMARESCHALCVS
IDEMQVE REX POLONIAE
AVGVSTVS II.

Augustus-Denkmal in Dresden-Neustadt

(Historia-Photo)

Opern, Tragödien, Hofbälle, Karusselfeste, Ringrennen, ein Feuerwerk und eine Wasserjagd auf der Elbe.

Der Zwingerbau aber blieb ein Torso. An der Stelle, wo der Renaissancebau der Gemäldegalerie seit 1847 steht, schloß ihn z. Z. Augusts des Starken nach der Elbe zu eine Bretterplanke ab. Ab 1732 wurden die Bauarbeiten eingestellt. Die aufkommende Aufklärung und die damit verbundene Schwächung des Absolutismus haben schließlich den Barockstil aufgegeben. Seit 1728 waren im Zwinger Sammlungen untergebracht worden. Cornelius Gurlitt urteilt über das Bauwerk im ganzen: „Es ist ein Werk der Befreiung von stilistischer Regel, geboren aus dem Zeitgeist, dessen Ausgang humanistische Bildung war."

Dem Theater widmete August der Starke zeitlebens großes Interesse, insonderheit der französischen Komödie, die nach seiner Meinung in dem bereits bestehenden großen Opernhaus nicht recht zur Geltung kommen konnte. So ordnete er am 30. November 1696 von Wien aus an, ein neues Komödienhaus zu errichten, „da das gewöhnliche Theatrum in dem sog. Opera-Hause zur Darstellung fremder Komödien nicht dienlich sei, indem in solchem die Singstimmen ihren Effekt tun, die redenden Actores aber mit ihren Stimmen ohne sonderliche Beschwerung nicht ausfüllen können". Das neue Theater wurde im Jahre 1697 sehr rasch in Holz ausgeführt und hatte seinen Standort hinter dem Reithause, etwa in der Gegend der heutigen Gemäldegalerie. Dieses kleine Komödienhaus wurde nach den Wirren des Nordischen Krieges abgerissen und von Pöppelmann 1718/19 durch einen Neubau ersetzt, das alte Opernhaus aus dem Jahre 1667 zur ersten katholischen Hofkirche im Jahre 1708 umgewandelt. Die Innendekoration des neuen Komödienhauses stammte von dem seit 1717 in Dresden weilenden Italiener Allissandro Mauro. Die Dresdener Oper hatte schon damals einen so guten Ruf, daß große Komponisten wie Händel, Bach u. a. nach Dresden wallfahrten.

Noch während des Zwingerbaues fand August der Starke Gefallen an dem Japanischen Palais, das seinem Vertrauten, dem

Grafen Flemming gehörte, ursprünglich Holländisches Palais genannt, weil es an einen Holländer vermietet gewesen war. Die Lage an der Elbe war ideal, der Blick vom Palais auf die Türme der Residenz reizten den König, dieses Palais zu besitzen. Es sollte ein „Porzellanschloß" werden, dabei stieg die Phantasie des Königs ins Unermeßliche.

Ein weiterer Pöppelmannscher Barockbau war das Taschenbergpalais, das der König der Gräfin Cosel hatte errichten lassen. Nachdem ihr der König 1715 seine Gunst entzogen und sie nach Stolpen verbannt hatte, überließ er es ab 1719 dem Kurprinzen als Wohnsitz.

Der Neuaufbau „Alt-Dresdens" nach dem Brande von 1685 verwirklicht eine völlig neue architektonische Struktur, die auf Anregung Augusts des Starken zurückgeht. Ein Blick auf den Stadtplan zeigt deutlich die sternförmige Anlage, deren Mittelpunkt der frühere „Albert-Platz" ist, von dem breite Straßen ausstrahlen, die geradlinig das Netz der alten Gassen durchschneiden. Der alte Dorfplatz wurde von nun an „Neustädter Markt" genannt, wie der ganze Stadtteil von nun ab „Neue-Königs-Stadt" = „Dresden-Neustadt" hieß.

Zu den bekanntesten gärtnerischen Anlagen Dresdens gehört auf den Feldern vor den Toren der Stadt der seit 1676 angelegte Große Garten. Zugleich mit dem Garten entstand als Lustschloß für den Vater Augusts des Starken das „Palais", von Johann Georg Starcke erbaut. Den Park gestaltete seit 1683 Johann Friedrich Karcher im französischen Stil. Aus jener Zeit stammen die geometrisch gehaltene Gesamtanlage des Gartens, die Pavillons (Kavalierhäuser) in der Nähe des Palais, der Palaisteich und das Naturtheater.

Einige Wegstunden elbaufwärts besaß der König das Gut und alte Schloß Pillnitz, das von 1707-1715 die Gräfin Cosel bewohnte. Erst zwei Jahre nach ihrer Verbannung erinnerte sich der König wieder der landschaftlich schönen Lage von Pillnitz und der guten Möglichkeit, dort Feste abhalten zu können, die durch Bootsfahrten auf der Elbe ihren besonderen Reiz erhalten konnten. Erweiterungen, Um- und Neubauten von Pavillons wurden insonderheit von Pöppelmann und Longuelune vorgenommen. Eine riesige Freitreppe führt von der Elbe zu den Pavillons empor. Hier ließ August der Starke, angeregt durch sein besonderes Interesse für China, das durch seinen Eifer für das Sammeln chinesischer Porzellane ausgelöst war, ein Schloß nach chinesischer Art errichten. Obwohl er von chinesischer Architektur nicht viel mehr wußte, als daß man geschweifte und zuweilen doppelte Dächer hatte. Ihm schien das Leben der Chinesen, über das er von Händlern, die aus dem fernen Osten kamen, viel gehört hatte, nur von Pracht umgeben, sorglos heiter, so daß deren Art zu bauen, dem König für ein Land- und Lustschloß besonders geeignet erschien. Voll spielerischer Grazie sollte dieses Schloß mit seinen Parkanlagen den Besucher erfreuen. Diese Freude am Exotischen und Romantischen veranlaßte ihn auch, das Übigauer Schlößchen unterhalb Dresdens von Eosander von Göthe in „persianischer Art" erstellen zu lassen; das Taschenbergpalais wurde im Innern als „Türkisches Schloß" eingerichtet. Es wäre falsch, aus diesen spielerischen Baulaunen, wie wir sie bei August dem Starken immer wieder finden, auf eine Abkehr des Königs vom Barockstil zu schließen.

Mit zahllosen Planungen trat der König beim Schaffen des Großsedlitzer Parks — unweit von Pirna gelegen — hervor, den er samt Schloß „Friedrichsburg" im Jahre 1723 von Wackerbarth gekauft hatte. Er wollte einen besonders eindrucksvollen Park gestalten lassen, in dem große Feste abgehalten werden könnten. Knöffel, Pöppelmann und Longuelune schufen in Gemeinschaftsarbeit eine Parkanlage, die im Ergebnis verschiedene Auffassungen der französischen Gartenarchitektur sichtbar werden läßt. Von des Königs Plänen wurde keiner realisiert. Seit 1727 verlor der König plötzlich das Interesse an dem Park. Der Gründe können verschiedene sein: kein Geld mehr in den Kassen; es kann die schwere Erkrankung des Königs in diesem Jahre gewesen sein, die ihm jede Lust am Planen nahm. Ein letzter Grund für das Ende der hochfliegenden Pläne mag auch im Charakter des

Königs zu suchen sein, in dem Verlangen nach immer neuer Anregung durch Bauprojekte und nach dem „amusement", das ihm auch das Planen ohne Verwirklichung bedeutete.

Das Jagdschloß Moritzburg bei dem Dorfe Eisenberg, unweit Dresdens aus dem 16. Jahrhundert stammend, ließ der König nach seinen Plänen um zwei Stockwerke erhöhen. Die vier runden Ecktürme mit laternentragenden Kugelhauben wurden gleichfalls erhöht. Acht quadratische Pavillons stehen auf den Ecken der kreuzförmigen unteren Terrasse, auf der sich das Schloß inmitten der umgebenden künstlichen Wasserflächen erhebt. Auf diesem „See" wurden Feuerwerke und kleine Seeschlachten abgehalten. Alle diese Arbeiten führte Pöppelmann in Verbindung mit Knöffel aus. Alleen und ein Fasanengarten wurden angelegt. Mit der Innenausstattung waren Leplat und Pöppelmann sowie die Maler Sylvestre und Rossi beschäftigt. Der plastische Schmuck mit vielen lustigen Figuren aus dem Jagdleben stammt von Thomae und Kirchner.

Pöppelmann war auch bei den Erweiterungsarbeiten und Reparaturen an dem von Hofmarschall von Löwendal im Jahre 1721 übernommenen Renaissanceschloß Elsterwerda an der Schwarzen Elster beschäftigt. Einen weiteren Neubau ließ der König für den Kurprinzen inmitten des großen Oschatzer Forstes 1721 aufführen, das Schloß Hubertusburg, das durch den hier vollzogenen Friedensschluß im 7jährigen Krieg 1763 bekannt geworden ist.

Kleine Jagdgebäude, in denen Jagdgesellschaften sich ausruhen, Mahlzeiten einnehmen und bei schlechtem Wetter Unterkunft finden konnten, wurden im Barockstil auf dem Lande gebaut. So enstanden die Jagdhäuser im „Blasewitzer Tännicht", in Wermsdorf und in Kössen an der Mulde. Als Liebhaber schöner Pferde sorgte der König auch für den Ausbau von Gestüten im Lande.

Der Kirchenbau trat in Sachsen etwas zurück. August der Starke war, wie schon erwähnt, in religiösen Fragen tolerant, denn für seinen Glaubenswechsel waren nicht religiöse, sondern machtpolitische Motive ausschlaggebend gewesen. Den protestantischen

Kirchenbau hinderte er in keiner Weise. So ließ er in der Kirche in Pretzsch für seine Gemahlin durch Pöppelmann die sog. Eberhardinenloge einrichten. Im Dom zu Freiberg wurde 1727 die Fürstenloge erneuert. Das in Nossen im Jahre 1719 abgebrannte Gotteshaus wurde mit des Königs und einiger sächsischer Städte finanzieller Hilfe neu aufgebaut. Die in Pillnitz sich neben dem Schloß befindliche Kapelle mußte im Jahre 1723 dem „Venustempel" weichen, dafür errichtete er für die Gemeinde in Pillnitz die bekannte Weinbergkirche. Auch der Bau der Matthäuskirche 1730 in Dresden-Friedrichstadt fand seine Unterstützung. Bauplanmäßig regen Anteil nahm der König beim Errichten der Dreikönigskirche in Dresden-Neustadt. Da er beabsichtigte, von der Elbbrücke zum Schwarzen Tor eine Prachtstraße, die Neustädter Hauptstraße, anzulegen, mußte die alte Dreikönigskirche, die quer in dieser geplanten Straße stand, abgerissen und eine Interimskirche auf dem alten Friedhof errichtet werden. Die Baupläne legte Pöppelmann dem König 1732 zur Genehmigung vor. Vollendet wurde der Bau nach dem Tode Pöppelmanns 1736 durch den Ratszimmermeister George Bähr erst im Jahre 1739. Die Neustädter Hauptstraße ziert auch heute noch das aus Kupferblech getriebene und vergoldete $3^1/_2$ m hohe Reiterdenkmal Augusts des Starken von dem Nördlinger Kupferschmied Ludwig Wiedemann, das mit der Blickrichtung auf die Achse der Neuen Königsstadt aufgestellt wurde. Eine Zeichnung des Architikten Longuelune vom Jahre 1731 gab den genauen Entwurf der Reiterfigur. Es zeigte den König barhäuptig in antiker Rüstung, den Feldherrnstab in der Rechten, auf einem Lipizzaner reitend, der mit der Linken in der Kurbette gehalten wird. Den monumentalen Höhepunkt im Kirchenbau erreichte George Bähr mit dem Bau der Frauenkirche (1726—1734). Mit seiner mächtigen, von einer „Laterne" bekrönten Steinkuppel, war das 95 m hohe Bauwerk bis zum 13. 2. 1945 das Wahrzeichen Dresdens. Auch beim Bau dieser Kirche war der König mit Vorschlägen beteiligt. Er erhob die Forderung, daß neben der Kuppel noch 4 Nebentürme stehen müßten. Bähr erfüllte den königlichen Wunsch, hielt aber seine vier Ecktürme in einem solchen Verhältnis, daß sie die Mittelkuppel nicht beeinträchtigten. Dieser Bau war eine baugeschichtlich bedeutsame Tat.

Der Zunahme des Verkehrs, vor allem als nach dem Nordischen Kriege die „Hohe Straße" aus Polen und Schlesien durch die Oberlausitz nach Leipzig wiederhergestellt worden war, waren viele Straßen, Brücken und Stadttore in Sachsen nicht mehr gewachsen. Neubauten, meist aus Quadersandstein, Reparaturen usf. mußten vorgenommen werden. Auch diesen Bauten galt des Königs Aufmerksamkeit. Sie sollten genau solche Prachtbauten sein, wie die Repräsentationsbauten in seiner Residenz. Die Entwürfe dazu hatten Pöppelmann und Knöffel anzufertigen. So entstanden in der Zeit von 1714—1727 die Brücken über die Mulde bei Eilenburg, Nossen, Grimma, die Zwethauer Brücke bei Torgau, die Torgauer Elbbrücke, die Leisniger Brücke, die Holzbrücken über den Marbach bei Nossen und über den Zschirnbach bei Dresden. Die Zschopau wurde bereits 1711 in Waldheim überbrückt, ein besonders beachtenswertes Bauwerk. Zu einer der eindrucksvollsten Brücken gehörte die aus dem 13. Jahrhundert stammende Elbbrücke in Dresden. Mit 18 Pfeilern und 17 Bogen überspannte sie den Strom. Der König ließ 1706 und 1727 durch Pöppelmann erhebliche Veränderungen an der Brücke vornehmen, so daß sie sich nach diesen Erweiterungsbauten vortrefflich in das gesamte Stadtbild einfügte. Alle diese Brückenbauten sind insofern von Bedeutung, weil sich in ihren Konstruktionen die Sachkenntnis der beiden berühmten Barockarchitekten auch im Brückenbau widerspiegelt.

In Leipzig ließ der König im Jahre 1724 das alte Peterstor, das dem zunehmenden Messeverkehr nicht mehr gewachsen war, mit Hilfe der Pläne Pöppelmanns durch einen Neubau ersetzen.

Die Straßen, vor allem die Fernstraßen nach Leipzig und Dresden, mußten nach dem Regierungsantritt Augusts des Starken oft in besseren Zustand versetzt werden. August der Starke sorgte dabei auch für Anbringung von Wegweisern. Angeregt dazu hatten ihn die Römer, die solche Straßensäulen schon im Altertum nach griechischem Vorbild besaßen. Auch England hatte solche Säulen — zurückgehend auf die Römerherrschaft in Britannien — errichtet, wie sie auch Holland und sogar Rußland (Werst-Säulen) kannte. Im Jahre 1695 erging vom Kurfürsten der Befehl, viereckige Säulen und Armsäulen aus Eichenholz, sog. Distanzsäulen, zu setzen, die mit dem kurfürstlichen Wappen versehen und mit den Hauptpostorten und den Entfernungen dorthin beschriftet waren. Das Holz dazu lieferten die kurfürstlichen Wälder. Da diese hölzernen Säulen aber sehr bald brüchig wurden und oftmals abfaulten, verordnete August der Starke auf dringendes Anraten seines „Königlichen Land- und Grenzkommissars" Adam Friedrich Zürner am 19. September 1721, daß „auf denen Land- und Post-Straßen, anstatt der hölzernen, steinerne Säulen aufgesetzet" werden sollten. Mit den künstlerischen Entwürfen zu diesen Postmeilen-Säulen wurde wiederum Pöppelmann beauftragt.

Die Kosten für die Errichtung und Anfertigung der Säulen mußten von dem aufgebracht werden, auf dessen Grund und Boden sie zu stehen kamen. Wurden sie auf dem Gebiet eines Grundherrn aufgestellt, so mußte der Grundherr die Postsäulen bezahlen. Standen sie aber auf Gemeindeflur, so mußten alle Mitglieder der Gemeinde einen ihrer Hufenzahl entsprechenden Anteil leisten.

Wenn sich August der Starke für militärische Bauten interessierte, so ließ er sich im Gegensatz zu seinem preußischen Nachbarn oft weniger von der Sorge um die Verteidigung des Landes als von Repräsentationsdrang leiten. So spielten auf der Festung Königstein außer den Reparaturen an der Georgsburg und Friedrichsburg, letztere ließ er als Beobachtungsturm ausbauen, die Erneuerung der Blumenanlage und ganz besonders die Herstellung des größten Weinfasses Europas — Fassungsvermögen 2 428 hl — eine große Rolle. Von großer repräsentativer Bedeutung war das im Jahre 1730 abgehaltene „Zeithainer Lustlager", das „Campement bei Radewitz" in der Nähe von Riesa an der Elbe. Schon ein Jahr vor diesem Fest hatte Adam Friedrich

Zürner alle Straßen von Dresden nach Großenhain, Riesa, Zeithain und Moritzburg genau zu vermessen und in Ordnung zu bringen. Auf Befehl des Königs sollten in diesem Raum alle Postmeilensäulen gesetzt und gegebenenfalls ausgebessert sein.

Zu diesem großen Manöver der sächsischen Armee war Friedrich Wilhelm I. von Preußen und der Kronprinz mit einem großen Stab von Offizieren eingeladen worden. Hier wollte August der Starke seinem Nachbarn und der Welt zeigen, wie ein wohlhabender Staat mit ansehnlicher Kriegsmacht eine solche Zusammenkunft auf einem 5 km langen Manöverfelde auch zu einem Fest auszugestalten vermochte. Zur Aufnahme nicht nur der 30 000 Soldaten, sondern auch der anspruchsvollen Gäste waren unter Leitung Pöppelmanns Pavillons, Zelte, Repräsentationsräume für die beiden Könige entstanden. Das schönste Bauwerk des Lagers war der aus Holz erbaute Aussichtspavillon in der Mitte des Exerzierplatzes, von dem aus die beiden Könige die Regimentsübungen genau verfolgen konnten. Zwei Jahre hatte Pöppelmann zur Vorbereitung dieses Manöver-Festes gebraucht. Für das Wohl der Gäste und Zuschauer war vortrefflich gesorgt. U. a. wurde der berühmte Riesen-Stollen aufgetragen, zu dem 600 Eier, 3 t Milch und 1 t Butter verbraucht worden waren. Um den 7,90 m mal 3,40 m großen und 0,30 m hohen Butterstollen zerkleinern zu können, mußte ein Zimmermann sich ein 1,70 m langes Messer mit dem Heft auf die Schulter legen. Außerdem wurden 170 Ochsen zur Schlußspeisung der Truppen geschlachtet.

Hinter dieser festlichen Aufmachung steckte aber auch Politik. August der Starke hatte den heimlichen Wunsch, die polnische Krone durch den Erwerb von Schlesien und Böhmen, der Brücke zwischen Sachsen und Polen, zu sichern. Das Erbrecht der Gemahlin des sächsischen Kurprinzen, der österreichischen Erzherzogin Maria Josepha, sollte ihm dazu verhelfen, sobald mit dem Tode Kaiser Karls VI. die Habsburger im Mannesstamm erloschen sein würden. Diese Erbansprüche wollte er mit den Waffen bestreiten. Als Bundesgenossen für diese künftigen Auseinandersetzungen suchte August der Starke den Preußenkönig zu gewinnen. Diesem politischen Plan sollte das Zeithainer Lustlager dienen. Es sollte dem vorsichtigen, aber soldatenfreudigen Preußenkönig das sächsische Heer als starke bündnisfähige Macht vor Augen führen und ihn dem Bündnis geneigter machen. Der frühzeitige Tod Augusts des Starken verhinderte jedoch die Realisierung dieses Planes.

Bei den Zeithainer Manövern handelte es sich darum, mögliche Angriffe zum Schutze der Elbe gegen einen vom Osten vordringenden Feind abzuschlagen. Zeithain war somit der Nachweis einer in vielen Jahren geleisteten soldatischen Arbeit. Ein Jahr später folgte eine ähnliche Heerschau bei Czerniaków.

Die Bauten in Polen

Die Königsfeier im Jahre 1697 war der Auftakt einer großen Prachtentfaltung in Polen Mit einem Hof, den die schönsten Frauen Sachsens und Polens zierten, Bälle, Gartenfeste, Paraden, Theateraufführungen usf. wollte der junge König seine erlangte Macht und Würde nach außen und vor allem dem polnischen Adel gegenüber sichtbar machen. Zu all diesem Prunk gehörte auch der architektonische Rahmen, den er erst nach seiner Wiedereinsetzung als Polenkönig füllen konnte. Der Nordische Krieg schloß fast jede Bautätigkeit in Sachsen und Polen für beinahe ein Jahrzehnt völlig aus.

Ein großartiger Entwurf des Königs für die Neugestaltung des Warschauer Königsschlosses konnte nicht ausgeführt werden, weil der Polnische Reichstag nicht zustimmte. Er zeigt aber die Absicht des Königs, auch die Hauptstadt seines neuen Königreiches durch Bauten zu verschönern. Seit dem Jahre 1713 galt Augusts des Starken Interesse besonders dem Sächsischen Palais, das er von der Kronmarschallin Bielinska, der Tochter des Kronschatzmeisters Morsztyn gekauft hatte, um auch einen Wohnsitz in Warschau zu haben. Die Erweiterungen und Umbauten sind ein

Werk Pöppelmanns. Die bedeutendste Schöpfung Augusts des Starken in Warschau war der Garten des Sächsischen Palais, der „Sächsische Garten". Allein 6 Grundstücke samt dem Kloster „Der Barmherzigen Brüder", das er in der Warschauer Neustadt wieder aufbauen ließ, wurden angekauft und abgerissen, um Platz zu schaffen für die großzügigen Gartenbaupläne. Zierbeete, Wasserbecken, Bosketts und ein kleines Lusthaus zierten den Garten. Gleichzeitig mit dem Ausbau des Gartens wurden auch Statuen aufgestellt, die in einem repräsentativen Garten der Barockzeit nicht fehlen durften. 69 solcher Sandsteinstatuen wurden noch im Jahre 1745 gezählt.

Während die Planungen für das Sächsische Palais noch in vollem Gange waren, beschäftigte sich der König bereits mit dem Bau des „Blauen Palais". Der König hatte von einer in Warschau lebenden Französin, Henriette Rénard, eine 1707 geborene Tochter, Anna Catharina, die erst später von ihm anerkannt und zur Gräfin Orczelska erhoben wurde. Ihr schenkte er das im Jahre 1726 von Jauch, Deybel und Carl Friedrich Pöppelmann umgebaute, ehemals dem Bischof von Ermland gehörende Palais. Als die Gräfin im Jahre 1730 den Herzog Karl-Ludwig von Holstein-Beck heiratete und nach Dresden zog, ging das Palais in den Besitz des Fürsten Czartoryski über. Orczelska starb im Alter von 62 Jahren, 1769.

Für seine 1 700 sächsischen Soldaten ließ der König durch sein Bauamt zwei Kasernenkomplexe errichten: die Casimirschen und die Wielopolschen Kasernen, die aber auch erst in den letzten Regierungsjahren fertiggestellt wurden. Die Casimirschen Kasernen, die 1813 abbrannten, standen dort, wo sich heute die Warschauer Universität befindet. Vor der Fertigstellung der Kasernen lagen die Truppen in Kantonierungsquartieren auf dem Lande.

Wie in Sachsen oblag August der Starke auch in Polen seiner Jagdleidenschaft. Dazu erwarb er im Jahre 1720 das der Familie Sobieski gehörende Jagdschloß Mariemont. Nur dessen Äußeres wurde nach Bauplanungen von Naumann und Deybel ein wenig umgestaltet. Zur lebenslänglichen Benutzung wurde August dem Starken schließlich 1730 das Schloß Wilanów — 12 km südlich von Warschau gelegen — nach langen Verhandlungen mit der Familie Sobieski überlassen. Zu einem Kaufvertrag kam es nicht. Die Familie Sobieski war dem König wegen der Gefangenschaft der beiden Prinzen gram. Durch Leihverpachtung kam auch das Schloß Ujazdów 1720 in die Hände des Königs, das er nach vielen vergeblichen Planungen schließlich der katholischen Geistlichkeit zum Ausbau als Wallfahrtskirche zur Verfügung stellte.

Die Sitzungen des Polnischen Reichstages fanden zweimal nacheinander im Abstand von zwei Jahren in Warschau statt, ein drittes Mal in Grodno, der Hauptstadt des mit Polen vereinigten Großfürstentums Litauen. Für diese Sitzungen und des Königs Aufenthalt während der Tagungen in Grodno wurde im Jahre 1726 ein am Marktplatz gelegenes Palais instandgesetzt. Die Zwischenwände des Obergeschosses wurden herausgebrochen, um auf diese Weise den repräsentativen „Senatorensaal" zu schaffen.

Seit dem Jahre 1730 wandte sich der König einem ganz neuen Projekt zu, das alle anderen Vorhaben in Polen in den Hintergrund treten ließ. Es war die Neuschaffung einer „Residenz", die ihm durch ihre Lage an der Westgrenze Polens als Verbindungsglied zwischen den beiden beherrschten Ländern besonders geeignet erschien. Es war der Ort Karge (Kargowa), der dicht an der Stelle lag, wo sich jenseits der Grenze Preußen und Schlesien berührten und wo sich die kürzeste Verbindung mit Sachsen ergab. Das Schloß Karge erwarb der König 1730 von dem polnischen Edelmann Karl von Unruh. Auf jeden Fall haben politische Erwägungen dem Kauf zugrunde gelegen. Wäre August II. durch die Anhängerschaft Leszczynskis gezwungen worden, Warschau zu verlassen, dann hätte er an der Stelle, die Sachsen am nächsten lag, einen Fuß auf polnischem Boden behalten. Ferner lag Karge unmittelbar an dem schmalen Landstreifen aus preußischem und kaiserlichem Gebiete, der Sachsen von Polen trennte. Wären zwischen beiden Feindseligkeiten ausgebrochen, hätte von Karge aus die Verbindung mit Sachsen leicht erkämpft werden können. Es gab noch eine dritte Überlegungsmöglichkeit. Das bevorstehende Erlöschen des Mannesstammes des Hauses Habsburg machte die Zukunft Schlesiens ungewiß. Man sieht, daß August der Starke noch kurz vor seinem Tode der alte Plan einer evtl. Besitznahme Schlesiens immer wieder beschäftigte. All diese Erwägungen mögen den König veranlaßt haben, in dieser bedeutungslosen Gegend eine „Residenz" zu errichten. Im Grunde genommen war die ganze Anlage, die beim Tode Augusts des Starken 1733 nur zur Hälfte ausgebaut und 1735 wieder zerstört wurde, eine Utopie.

Um nach Warschau zu gelangen, bevorzugte August der Starke den sog. „Breslauer Post-Cours", so wird er in Adam Friedrich Zürners im Jahre 1738 erschienenen Buche: „Kurtze Anleitung zur gewöhnlichen Reise von Dresden nach Warschau" genannt. Dieser Weg überschritt östlich von Görlitz die Grenze des Kurfürstentums und führte über Breslau zur polnischen Grenze zwischen Wartenberg und Wiernzów. Von dort ging es dann weiter über Widawa, Rośniatowice, Piotrków und Rava nach Warschau. Auf dieser Route plante August der Starke den Bau einer Anzahl neuer Poststationen. Sie sollten dem Wechsel der Vorspannpferde wie auch der Übernachtung des Königs mit seinem Gefolge dienen. Aber auch diese Pläne einer einheitlichen Gestaltung der Poststationen blieben nur Entwürfe. Das Projekt von Karge fesselte ihn mehr.

Beim Rückblick auf die Bautätigkeit Augusts des Starken fällt auf, daß das Kurfürstentum Sachsen in dieser Hinsicht Polen vorgezogen wurde. In Polen war er schon bald nach seiner Regierungsübernahme zu der Überzeugung gekommen, daß seine Pläne zur Umwandlung des polnischen Staatswesens im absolutistischen Sinne keine Aussicht auf Realisierung hatten, so ließ er eben nur an den ihm gehörigen oder von ihm gepachteten Schlössern planen und bauen.

Die Dresdener Sammlungen

Die berühmten Dresdener Sammlungen verdanken, wenn auch nicht ihre Anfänge, so doch ihren weiteren Ausbau August dem Starken. Die mannigfaltigen Schätze der kurfürstlichen Kunstkammer, eines der charakteristischen Kabinette, die ebenso Kuriositäten wie kostbare kunsthandwerkliche Gegenstände, Gemälde, Handzeichnungen und Plastiken enthielten, im Jahre 1560 vom Kurfürsten August angelegt und aufbewahrt im Westflügel des Schlosses, sollten nach dem Plan Augusts des Starken geordnet und inventarisiert werden. Im Jahre 1720 beauftragte er eine Kommission, die „alle Bibliothequen, Medaillen, Antiquen, Kupferstiche, Physic-, Anatomie- und Mathematischen Instrumenten Cabinetter, auch überhaupt alle vorrätige zu Künsten und Wissenschaften gehörige Raritäten, sowohl zu Unserm eigenen Vergnügen als zum gemeinsamen Besten" einrichten sollte.

Aus dieser Kunstkammer wuchsen dann unter August dem Starken alle die Sammlungen hervor, die Dresdens Weltruf als Museumsstadt begründet haben. Die Organisation dieser Sammlungen hatte der König dem Flamen Raymond Le Plat = Leplat (1664—1742) übertragen. Leplat, von Haus aus Architekt, war von dem König nur als Innenarchitekt angestellt worden. Aber bald gab es am Dresdener Hof kein Kunstgebiet, auf das Leplat nicht maßgebenden Einfluß ausgeübt hätte. Er war, so kann man mit Recht sagen, der tatsächliche Generalintendant der Kunstsammlungen. Die Einrichtung des Grünen Gewölbes, wie der Gemäldegalerie, gehen im wesentlichen auf ihn zurück.

Das Grüne Gewölbe — in den Jahren 1721—1729 eingerichtet — war mit seinen acht Räumen das vollkommenste Pretiosenkabinett eines deutschen Fürsten des 18. Jahrhunderts. Den Namen Grünes Gewölbe haben die Räume dem grünen Anstrich der alten Schatzkammer, der sog. Geheimen Verwaltung zu verdanken. August der Starke hatte es im Erdgeschoß des Westbaues des Schlosses nach Vorschlägen von Leplat und Pöppelmann unter Mitarbeit von Longuelune und Knöffel ausstatten lassen.

Jeder Raum bekam entsprechend dem vorgesehenen Inhalt einen besonderen Charakter. Die zahlreichen kostbaren Gefäße aus edelstem Gestein beispielsweise, die aus dem 16. und 17. Jahrhundert stammten, erhielten auf Anordnung des Königs einen Ehrenplatz im spiegelnden Pretiosensaal.

Die reichste und bedeutendste unter allen Sammlungen ist die Gemäldegalerie. Die Anfänge dieser berühmten Gemäldesammlung sind in der Kurfürstlichen Kunstkammer zu suchen. Bereits zu Anfang des 17. Jahrhunderts hatte sie durch Bilder von Dürer, Cranach, Tizian und Claude Lorrain einen weit verbreiteten Ruf erlangt. Die Gemälde wurden im Jahre 1722 im sog. Stallgebäude am Jüdenhof aufgestellt. Der alte Stall wurde zu diesem Zweck von Fürstenhoff umgebaut. Raymond Leplat bekam den Auftrag, die an verschiedenen Orten verstreuten Bilder zu inventarisieren und die besten zu einer Gemäldegalerie zusammenzustellen. Er wurde zum ersten Inspektor der Galerie ernannt. Die Auswahlkollektion umfaßte nach den alten Inventarverzeichnissen 1 938 Stücke. So ist das Jahr 1722 das eigentliche Gründungsjahr der Dresdener Gemäldegalerie. August der Starke vermehrte diesen Bilderschatz durch weitere Ankäufe. Der Ankauf neuer Gemälde wurde wiederum seit dem Jahre 1723 Leplat anvertraut. 218 Gemälde hat er mit vorzüglicher Kenntnis des Kunstmarktes und mit gutem Blick für damals „moderne" Werke erworben, darunter erste Meister. Der Grundstock der Dresdener Gemäldegalerie war damit gelegt. Man kaufte nach dem Geschmack der Zeit vor allem niederländische Meister. Hochberühmte Stücke unverhüllter weiblicher Schönheit gelangten unter August dem Starken in die Galerie: Die „Schlummernde Venus", die „Galatea" des Albani, die Kopie der verschollenen „Leda" des Michelangelo u. a. Der Nachfolger des Königs baute die Galerie zu großer Berühmtheit aus, wozu dessen Premierminister Graf Brühl hemmungslos die Mittel zur Verfügung stellte. Die Dresdener Gemäldegalerie trägt noch heute den Charakter einer hochfürstlichen Galerie des 18. Jahrhunderts.

Der König war der Malerei auch sehr geneigt und förderte in seinem Kurfürstentum Maltalente. Nur so ist die Gründung der „Malerakademie" durch ihn im Jahre 1705 zu erklären, die als Zeichen- und Malerschule schon während der Regierung seines Vaters in bescheidenem Umfange bestanden haben soll. Sie befand sich bis zum Jahre 1760 in der Kreuzgasse im „Frau-Mutter-Haus".

August der Starke erteilte weiterhin seinem Leibarzt Dr. Johann Heinrich Heucher den Auftrag, die in der Kunstkammer vorhandenen Kupferstiche und Handzeichnungen herauszunehmen und eine selbständige Kupferstichsammlung zu schaffen. Das geschah etwa um 1720. Die Blätter der Sammlung wurden nach bestimmten Gesichtspunkten geordnet, zu großen Prachtbänden zusammengefaßt und im Jahre 1728 nur zur Benutzung für die königliche Familie im Zwinger untergebracht.

Als für den Zwinger keine rechten Verwendungsmöglichkeiten mehr bestanden, wurden in Ermangelung anderer Gebäude im Jahre 1728 in ihm eine Reihe von Sammlungen untergebracht. So fanden das zoologische und das mineralogische Museum sowie die mathematisch-physikalische Geräteausstellung im Zwingerbau Unterkunft. Im mathematisch-physikalischen Salon findet man Fernrohre der verschiedensten Systeme von Galilei, den ältesten arabischen Himmelsglobus von 1289, Mikroskope, Uhren sind durch prachtvolle Sonnenuhren vertreten sowie ältere astronomische Messungsinstrumente. Die Antikensammlung geht ebenfalls auf August den Starken zurück. Im gleichen Jahre verlegte er auch die Bibliothek in den Zwinger. Diese Bibliothek bildete den Grundstock für die spätere alle Wissensgebiete umfassende „Sächsische Landesbibliothek", die im Japanischen Palais bis zum Untergang Dresdens 1945 untergebracht war.

Bekannt wurde Dresden zur Zeit Augusts des Starken ebenfalls durch seine großartige Porzellansammlung. Der König hat als einer der leidenschaftlichsten Porzellansammler unter den damaligen europäischen Fürsten die weitaus meisten und kostbarsten Stücke auf der Leipziger Messe oder im Auslande von eigens dazu bestimmten Agenten ankaufen lassen. Wie schon erwähnt, hatte er den phantastischen Plan, das Japanische Palais von oben bis unten in ein Porzellanschloß zu verwandeln. Doch es gelang ihm nicht, diese Idee restlos durchzuführen. Die Hauptgruppen der Sammlung bestehen aus chinesischem, japanischem und Meißner Porzellan. Wesentlich erweitert wurden unter Augusts des Starken Regierung noch das Münzkabinett, die Gewehrgalerie und das Historische Museum.

Feste und Frauen

Wie der König mit seinen Bauten, Gärten und Kunstsammlungen eine Dokumentation für sein großes Kunstverständnis hinterließ, so verstand er auch die Kunst, die sich von seinen Bauwerken nicht trennen läßt: die Kunst, Feste feiern zu können. Jedes Barockfest ist eine ausgedehnte und ausgewogene Komposition aus vielen Elementen, es ist ein zur Kunst erhobener Genuß. Oder wie Wilhelm Pinder es in seinem Buche über den „Deutschen Barock" ausdrückt, „es steht die künstlerische Sehnsucht nach Festlichkeit um ihrer selbst willen immer im Vordergrund". Abwechslung und Abwandlung beugten dem etwaigen Gelangweiltsein oder der Übermüdung und Übersättigung vor. Solche höfischen Feste waren keineswegs ein ungetrübtes Vergnügen; sie stellten an die physische Leistungsfähigkeit erhebliche Anforderungen. Für den König waren sie ein Teil seiner Regierungspolitik und Regierungspflichten. Die großen Feste dienten nicht so sehr dem Vergnügen der Teilnehmer als der Demonstration der Größe ihrer Veranstalter. Der Wohlstand des Landes wurde nach dem Glanz des Hofes beurteilt; man hob durch diesen das Ansehen des Staates, das Vertrauen auf seine Geldmittel. Die Feste, Festzüge und Feuerwerke, die der König veranstaltete, waren von ihm selbst durchdachte Kunstwerke. Im Aufbau der Programme zeigten sich Eleganz und Scharfsinn, die das Entzücken der Zeitgenossen hervorriefen. Der König „inventiret und ordiniret"

64

Frauenkirche in Dresden
(Nordpress-Verlag Hamburg)

Pöppelmanns Entwurf für das Warschauer Schloß
(Aus: C. Gurlitt, August der Starke — U. B. Göttingen)

alles. Er machte die Entwürfe, überwachte persönlich die Vorbereitungen. Die Vorbereitung eines Festes oder eines Festzuges war ihm wichtiger als das Vergnügen auf diesem. So wurde Dresden während der Regierungszeit Augusts des Starken zur Stadt der Barockfeste.

Zum Glanz des Hofes gehörten in der Barockzeit neben den Festen auch die Frauen, ein politisches Mittel als Darstellung der Staatsmacht. Sechs von diesen Frauen treten — menschlich und gesellschaftlich — stärker hervor. Die Schwedin Aurora von Königsmarck ist die erste, die seit 1694 als erklärte Maitresse hervortrat. Das Verhältnis zu ihr aber dauerte nicht lange. Die Feldzüge in Ungarn und die Vorbereitungen zur polnischen Königswahl ließen das Verhältnis sehr bald erkalten. Bemerkenswert ist es, daß sie dem Kurfürsten 11 Tage nach der Geburt des Kurprinzen am 28. 10. 1696 einen Sohn gebar, den Grafen Moritz von Sachsen und späteren Marschall von Frankreich. Selbst nicht vermögend und wissend, daß sie den König nicht dauernd fesseln konnte, strebte die Königsmarck nach einer Lebensstellung, die ihr August der Starke auch gewährte. Er übertrug ihr die Stelle als Pröpstin des reichsunmittelbaren Frauenstiftes Quedlinburg.

Ein Jahr, nachdem August der Starke die Aurora von Königsmarck verlassen hatte, zog Ursula Katharina von Boccum, Tochter eines nach Polen eingewanderten Franzosen litauischen Adels — geb. 1680 — und verheiratet mit dem polnischen Kronoberkammerherrn Georg Dominik Fürst Lubomirski, die Aufmerksamkeit des Königs auf sich. Die Ehe des Fürsten wurde geschieden. Mit der Lubomirska scheint August der Starke besonders stürmische Tage verlebt zu haben. Ihrem Wesen nach war sie Polin. Als sie dem König 1704 einen Sohn schenkte, Johann Georg, der als „Chevalier de Saxe" in die Geschichte eingegangen ist, ernannte sie der Kaiser zur Fürstin von Teschen, so daß sie damit in den Kreis der deutschen Reichsfürsten aufgenommen worden war. Der von August dem Starken als legitim anerkannte Sohn Johann Georg wurde zunächst für den geistlichen Stand erzogen, trat aber später in das Heer ein und zeichnete sich in verschiedenen Feldzügen — auch im 7jährigen Krieg — als Soldat aus. Er starb als sächsischer Generalfeldmarschall. Seine Mutter heiratete später den Grafen Friedrich Ludwig von Württemberg. Sie hat August den Starken um 11 Jahre überlebt.

Die bekannteste unter den Maitressen Augusts des Starken war die Holsteinerin Anna Constanze von Brockdorf. Drei Jahre nur (1703—1706) dauerte ihre Ehe mit dem Freiherrn Adolf Magnus von Hoym. Dann ließ sie sich scheiden. Der König hatte sich in sie verliebt. Hoym, seit 1703 Direktor des Generalakzisekollegiums in Dresden, also die rechte Hand des Königs bei der Durchführung seiner Steuerpläne, warnte den König vor dieser Frau, die er als „mit höllischer Bosheit behaftet" schilderte. Auch Graf Flemming war nicht erbaut von dieser neuen Verbindung seines Herrn. Auf ihren Vorteil bedacht stellte die noch nicht geschiedene Hoym nicht eben bescheidene Bedingungen, vor allem forderte sie vom König ein Eheversprechen. Der König gab es ihr am 12. Dezember 1705, allerdings unter der Voraussetzung, daß eine Ehe erst eintreten sollte, nachdem die Kurfürstin Eberhardine gestorben sei. Im Jahre 1706 wurde sie zur Reichsgräfin von Cosel ernannt. Sie war ohne Zweifel eine außergewöhnliche Frau von bezwingendem Charme, rassig, temperamentvoll, mit sprühendem Witz begabt. Verschwenderisch und geizig zugleich nutzte sie die Freigebigkeit Augusts nach Kräften aus, zudem eine gefährliche Intrigantin. Beliebt war sie am Hofe nicht. Flemming beklagte ihre Aufdringlichkeit, ihre Herrschsucht, ihren Jähzorn und ihre unverschämten Geldforderungen. Als sie wie die Lubomirska in den Fürstenstand erhoben werden wollte, lehnte der Kaiser vorsichtig ab. Widerrechtlich nannte sie sich „Comtesse de Saxe" und mischte sich in die Staatsgeschäfte sowie in die Erziehung des Kurprinzen, den sie gern beim Protestantismus erhalten wissen wollte, ein.

August war der Cosel gegenüber schwach. Man erzählt sich von ihr die Geschichte, daß sie dem König als die schönste Frau in Sachsen geschildert wurde, die Freiherr von Hoym aus lauter Eifersucht verstecke. Auf Befehl des Königs sei sie dann nach

Dresden gebracht worden und dort seinen Werbungen erlegen. Eine Legende! In Wirklichkeit war die Cosel ihrem Gatten nicht gewaltsam entrissen worden. Außerdem behielt v. Hoym auch nach der Scheidung von dieser Frau Amt und Würden und wurde später sogar Innenminister. Gewaltakte dieser Art kannte der König nicht.

Bis zum Jahre 1715, also 10 Jahre, stand die Cosel in der Gunst des Monarchen. Große Reichtümer hatte sie in dieser Zeit erworben und dem König drei Kinder geschenkt. Diese lebten umsorgt vom König in guten Verhältnissen. Der 1702 geborene Friedrich August von Cosel lebte in Dresden und erbaute das Coselsche Palais an der Frauenkirche. Eine der beiden Töchter, Friederike, heiratete 1728 den Grafen und polnischen Großschatzmeister Moszinski. Augusta Constantia, die älteste Tochter der Cosel, heiratete Heinrich Friedrich von Friesen, einen besonders guten Freund des Königs, dem sie die Standesherrschaft Königsbrück einbrachte. So war der König seinen Kindern immer ein treu sorgender Vater!

Als August der Starke sich von der Cosel trennte, forderte sie 2 000 Taler für den Rücktritt als Maitresse und drohte mit Hilfe des 1705 gegebenen Eheversprechens einen öffentlichen Skandal heraufzubeschwören. Die Lage wurde für sie am Hofe unhaltbar, so daß sie schließlich nach Berlin floh. Da der Dresdener Hof fürchtete, daß sie Staatsgeheimnisse verraten könnte, ließ der König die Cosel in Preußen verhaften und sie nach Sachsen ausliefern. Sie wurde als Staatsverbrecherin auf das mittelalterliche Schloß Stolpen verbannt. Hier hat sie unter harten Bedingungen von 1716—1765 gelebt. Der König zahlte ihr eine jährliche Rente von 3 000 Talern. Auf diese Weise sammelte sie ein Vermögen an, das bei ihrem Tode auf rund 600 000 Taler geschätzt wurde; Schmuck usw. nicht mitgerechnet. Ein solches Horten von Geld galt nach der damaligen volkswirtschaftlichen Auffassung als ein schweres Verbrechen gegenüber Staat und Wirtschaft. August dem Starken hat man daher auch vorgeworfen, daß er nicht darauf geachtet habe, daß dieses Geld wieder ausgegeben wurde.

Zu Fall gekommen war die Cosel vor allem durch ihre Einmischung in die Politik. Einflußnahme auf die Staatspolitik durch die Maitressen duldete der König nicht.

Nachfolgerin der Cosel wurde Maria Bielinska, Tochter des Oberhofmarschalls Graf Bielenski, die mit einem Herrn von Dönhoff vermählt war. Wieder wurde eine Ehe geschieden. Die Herrlichkeit der Dönhoff dauerte nicht lange. Schon drei Jahre später gab sie der König dem Fürsten Georg Ignaz Lubomirski zur Gattin.

Man sagt dem König nach, daß er seine eigene Tochter, die Gräfin Orczelska aus Warschau, zur Maitresse gemacht habe. Das ist übler Hofklatsch! Diese Gräfin Orczelska hat August dem Starken von allen legitimierten Kindern am ähnlichsten gesehen, so daß der alternde und kränkliche Vater besondere Zuneigung zu ihr empfunden hat.

Neben den Maitressen hatte August noch manches Liebesabenteuer. So brachte er aus dem Türkenkrieg in Ungarn ein dort „erbeutetes" Mädchen mit, „Fatime". Sie gebar ihm 1702 einen Sohn — vom König anerkannt als Friedrich August Graf Rutowski — der an der Umwandlung der sächsischen Armee in ein stehendes Heer wesentlichen Anteil hatte. „Fatime" wurde die Frau eines Hofbeamten. Auffallend ist, daß alle Maitressen keine Sächsinnen waren.

Bei des Königs Festen stellte August der Starke die Cosel immer besonders heraus. Dem großen Fest, mit dem der König im Jahre 1709 seinen königlichen Gast aus Dänemark, Friedrich IV., ehrte, wird besondere Vollkommenheit nachgerühmt. Es spiegelt auch die Hochstimmung infolge der Aufhebung der Abmachungen des Altranstädter Friedens wider. Durch Dresden zog auf festlich geschmückten Wagen der Hof. Der Gast war aber nicht Zuschauer des Festzuges, sondern selbst Mitwirkender und Mittelpunkt: Friedrich IV. als Jupiter und August als Apoll. Augusts Gemahlin als Vesta in einem Vestalinnen-Tempel; die Cosel fuhr auf dem schönsten Wagen als Diana, als jungfräuliche Göttin, von Nymphen umgeben. Schönheit, Tugend und Vollkommenheit sollten in dieser Scheinwelt zur Darstellung gebracht werden. Mit der Heraushebung seiner Maitresse wollte der König der Welt zeigen, welche Schönheit ihm zur Verfügung stehe. Gipfelpunkt dieses Festes bildete ein Riesenfeuerwerk bei der „Jungfer" (Jungfernbastei). Auf der Elbe schwamm ein Kastell, von Garben zahlreicher Raketen beleuchtet, das dänische Königreich darstellend, das sich trotz der Angriffe feuernder Batterien unerschüttert behauptete.

Ziel dieses Festes — wie auch der vielen anderen — scheint es gewesen zu sein: die Flucht aus der Wirklichkeit in ein Scheinleben. Ein Augenblick des Vergessens seiner Regierungspflichten!

Höhepunkt der Feste war der Karneval in Dresden. Auf den Terrassen des Zwingers waren die Zuschauer untergebracht. Das Volk unterhielt sich beim Zuschauen am besten und bewunderte die Kostbarkeit der Kleider, der Pferdegeschirre, die große Zahl der Mitwirkenden und die in lebhaften Farben bemalten Augenblicksbauten in Holz. Staunen über den aufgewandten Reichtum und über das Geschick des Dargebotenen sollte erzeugt werden, nicht etwa Frohsinn oder ausgelassene Heiterkeit. Kostbar ausgestattete muschelförmige Wagen, auf deren Hochsitz anmutige Frauen üppig aufgeputzt saßen, auch das Schießen mit der Armbrust nach der Scheibe oder dem Vogel bereitete großes Vergnügen. Der Hofnarr Joseph Fröhlich mit seinen groben Späßen durfte dabei neben den Hofzwergen nicht fehlen. 99 Narrenkleider hatte der König seinem Hofnarren anfertigen lassen.

Auswärtige Gäste wurden gern zum Karneval geladen. In der Ausstellung der Waren der Handwerker sollten diese den Aufstieg von Sachsens Wirtschaft bewundern. So wurden zum Karneval im Jahre 1724 eine Woche lang Waren auf dem Dresdener Jahrmarkt gezeigt, außerdem 60 Buden im beleuchteten Reithause. Umzüge wurden veranstaltet, bei denen der König als „Wirt" mit seinem „Hausgesinde" mitwirkte.

Das alles kostete Geld, viel Geld! Spätere Zeiten — vor allem das 19. Jahrhundert — haben August dem Starken den Vorwurf eines Verschwenders, eines Despoten, der das fronende Volk in übler Weise auspreßte, gemacht. Das alles stimmt nicht! Man dachte damals volkswirtschaftlich anders als im 19. Jahrhundert.

Sachsen war zu Augusts des Starken Zeiten ein wohlhabendes Land geworden und wenn viel Geld aus der Landeskasse für solche Zwecke ausgegeben wurde, so floß das Geld wieder in die Kassen zurück. Die Bürger wurden durch die vielen höfischen Aufträge steuerfähiger. Ganze Stäbe von Künstlern, Gelehrten, tausende von Handwerkern wurden in hunderttausenden von Stunden beschäftigt. Sie alle, vom König angefangen, Beamte, Minister, Generäle und Hofleute mit ihren Frauen und Kindern, alle nahmen sie an solchen Festen und Festaufzügen teil und ... gaben Geld aus! So zwang man die Besitzer von Geld zum Ausgeben. Das Geld rollte. „Heraus mit den versteckten Dukaten, damit sie dem Gewerbe dienen, den Handel beleben!" ... und die Wirtschaft blühte.

Diese Feste und exotischen Aufzüge Augusts des Starken, seine Festkompositionen, oftmals glänzende Kinder des Augenblicks, schuf sein seit 1698 zum Hofjuwelier ernannter Goldschmiedemeister Johann Melchior Dinglinger aus Biberach/Riß in der Kleinplastik nach. Dinglinger war der bedeutendste und auch gelehrteste Goldschmied und Juwelier des deutschen Barocks. Plastik und Malerei wurden von ihm in die Werke der Juwelierkunst mit einbezogen. Er begleitete mit Werk und Schaffenszeit die Lebensspanne Augusts des Starken und war ausschließlich für diesen tätig. Alle diese „Kabinettstücke", die Schalen, Tafelaufsätze, Gold- und Silbergeschirre u. v. a. m. verherrlichen „Des Lebens höchste Freuden" in schimmerndem Email, in Gold und Edelsteinen. Keiner der Künstler hat sich mit der Welt Augusts unaufhörlich nach Gestalt drängender Phantasie so unmittelbar auseinandergesetzt, keiner ihr eine so eigenartige und zugleich endgültige Form verliehen wie Johann Melchior Dinglinger.

Bald zählte Dinglinger zu den großen Bürgern Dresdens, dessen Haus in der Frauengasse zu den Sehenswürdigkeiten der Stadt gehörte. Die Könige von Dänemark und Preußen und Zar Peter von Rußland gehörten zu den Besuchern und Bewunderern.

Zar Peter wohnte sogar bei ihm. Im Grünen Gewölbe sind Dinglingers Werke fast lückenlos noch heute zu sehen. Ein Buch über die Geburtstagsfeier des Großmoguls von Vorderindien im Jahre 1665, das August der Starke gelesen hatte, und an der der französische Juwelier Tavernier teilgenommen hatte, veranlaßte den König diese großartige höfische Feier durch seinen Hofjuwelier Dinglinger verherrlichen zu lassen. „Der Hofstaat von Delhi des Großmoguls Aureng Zeb von Hindostan" mit 165 goldenen, bunt emaillierten menschlichen Figuren, geschmückt mit 3 000 Diamanten, Rubinen, Smaragden und Perlen, dazu Tiere, Gefäße und Prunkgeschenke ist das schönste, kostbarste und teuerste Werk Dinglingers. Mit seinem Bruder Friedrich Dinglinger, dem Emailleur Georg Friedrich, und 14 Gehilfen stellte der Meister dieses phantastische Kunstwerk für 58 485 Taler in den Jahren 1701—1708 her. Es sollte zugleich eine Verherrlichung des Absolutismus sein. Dinglingers Schöpfungen bildeten in der Gesamtschau eine überwältigende Einheit in barocker Prachtentfaltung.

Das Meißner Porzellan

Von großer Bedeutung für die Wirtschaft Sachsens wurde die Nacherfindung des Porzellans. August der Starke war — wie schon gesagt — einer der größten Porzellansammler in Europa. Seit der Seeweg nach Indien und China entdeckt worden war und ostasiatisches Porzellan nach Europa für teueres Geld eingeführt wurde, experimentierte man an europäischen Höfen, um hinter das Geheimnis der Herstellung des Porzellans zu kommen. Der Hof in Dresden machte darin natürlich keine Ausnahme. Vor allem lag August dem Starken zunächst die Ausnützung der sächsischen Bodenschätze und die Entdeckung neuer Produktionsverfahren am Herzen. Er hatte den hervorragenden Physiker, Mathematiker und Naturforscher Ehrenfried Walter von Tschirnhaus eingesetzt, um die Bodenschätze auf ihre Nutzbarkeit zu untersuchen. Tschirnhaus entwickelte auf den verschiedensten Gebieten, vor allem der Glasherstellung und bei der Erfindung von technischem Experimentiergerät neue Methoden, die als Voraussetzung für die späteren Erfolge der Porzellanherstellung nicht wegzudenken sind. Persönlich hinter das Geheimnis des Porzellans zu kommen, gelang ihm nicht mehr, doch besaß er einen guten Blick für die Fähigkeiten seiner Mitarbeiter. Seit dem Jahre 1705 hatte Tschirnhaus in seinem Labor, das sich während des Nordischen Krieges auf der Albrechtsburg Meißen und auf dem Königstein befand, einen jungen Goldmacher zu betreuen, einen Ehrenhäftling des sächsischen Hofes, den in Schleiz/Thür. geborenen Johann Friedrich Böttger. Böttger, in Magdeburg erzogen, in Berlin als Apothekerlehrling tätig, gab dort vor, Gold machen zu können, floh aber vor dem Preußenkönig nach Wittenberg. So kam er vom Regen in die Traufe! Als August der Starke ihn in Wittenberg festnehmen ließ, um ihn viele Jahre — bis 1715 — als Gefangenen in Gewahrsam zu halten, erhoffte er von der Kunst des Goldmachers die Auffüllung seiner leeren Kassen. Dabei war längst durch den sächsischen Chemiker Johann Kunckel, der für den Kurfürsten Johann Georg II. (1656—1680) gearbeitet hatte, wissenschaftlich erwiesen, daß eine Goldherstellung durch Transmutationen unmöglich sei. Trotz allem wartete der König mit erstaunlicher Langmut und naivem Vertrauen auf das Goldwunder und stellte immer wieder erhebliche Summen und neue Hilfskräfte zur Verfügung, bis endlich Böttger, der bedrängte und rastlos tätige Mann durch Tschirnhaus auf andere Bahnen gelenkt wurde. Er zog ihn zu seinen Versuchen heran, vor allem zu den systematischen Schmelz- und Mischversuchen mit keramischen Erden. Erst nach jahrelangen Versuchen kam es zu aussichtsreichen Ergebnissen. Der Ruhm, den Schlüssel zum Endprodukt, zum Porzellan, gefunden zu haben, blieb Tschirnhaus versagt. Er starb im Jahre 1708. Dieser Ruhm blieb dem einstigen „Goldmacher" vorbehalten. August der Starke bedrohte Böttger immer wieder und noch im Oktober 1707 schrieb er ihm: „...tu mir zurecht, Böttger, sonst laß ich dich hängen!" Ein Jahr nach dem Tode von Tschirnhaus — 1709 — bot Böttger dem König die

72

Herstellung sechs verschiedener Erzeugnisse an, worunter „ein rotes, sehr feines Gefäß, welches dem Ostindischen sog. roten Porzellan in allen die Wage halten würde". Eine vom König einberufene Kommission nahm sofort die Prüfung vor. Sie fiel positiv aus. August der Starke war begeistert. Schon am 13. Januar 1710 ließ er durch eine in vier Sprachen gedruckte Bekanntmachung der Hofkanzlei alle Welt wissen, daß er entschlossen sei, die Gründung einer Porzellanmanufaktur in Dresden vorzunehmen. Zur Ostermesse 1710 befahl er, in Leipzig Porzellan auszustellen, aber mehr, um Aufsehen damit zu erregen, als es zum Kauf anzubieten. Von der Produktionsreife des Porzellans konnte noch nicht die Rede sein. Aus Sicherheitsgründen ließ der König die Manufaktur von der Jungfernbastei in Dresden am 6. Juni 1710 auf die Albrechtsburg bei Meißen verlegen. Erst auf der Leipziger Ostermesse im Jahre 1730 kam weißes Böttger-Porzellan, das mit Hilfe von Kaolinerde aus Aue/Erzg. hergestellt wurde, in den Handel. Es war das erste europäische Erzeugnis dieser Art, das auch für das merkantilistische Sachsen unschätzbare Bedeutung gewann.

Böttger wurde erster Direktor der Meißner Manufaktur. Die Jahre der Gefangenschaft, der Rückschläge und der Not, die Last der Verantwortung hatten so an seiner Gesundheit gezehrt, daß er schon mit 37 Jahren in Dresden im Jahre 1719 verstarb. Böttger war beileibe kein Scharlatan, wie ihn die Geschichtsschreibung des 19. Jahrhunderts gern darstellt, sondern ein hochbegabter, für Chemie und Mathematik aufgeschlossener Mann, dem nur die richtige Ausbildung fehlte.

Die Böttger-Zeit hatte die Formen der Edelmetallgefäße und ihren plastischen Schmuck ins Porzellan übertragen. Ihr folgte eine Periode, die das weiße, glänzende Material mit vielfarbigen, leuchtenden Malereien schmückte. An sie schließt sich die malerische, die koloristische Periode des Meißner Porzellans an, die mit den Namen Höroldt und Kändler verbunden ist. In dieser Zeit entstanden die bekannten Meißner Tafelservice für den König August; um 1728 das Geschirr mit dem goldenen Löwen und um 1730 das mit dem roten Drachen und andere künstlerisch äußerst wertvolle Objekte.

Dem König kam es zunächst nicht darauf an, leicht verkäufliche Gebrauchswaren in Meißen anfertigen zu lassen, als vielmehr Prachtstücke für sich und zu Geschenkzwecken an Fürstlichkeiten und Freunde zu besitzen. Nicht die kaufmännische Seite schien ihm das Wichtige an der Sache, sondern die hohe künstlerische Leistung.

Als August der Starke am 26. Juni 1730 im Zeithainer Lustlager sein berühmtes Gastmahl gab, schmückte Meißner Porzellan reichlich die königliche Tafel. Als König Friedrich Wilhelm I. auf das braune Porzellan, von dem verschiedene Muster auf der Tafel standen, aufmerksam gemacht wurde, soll er lächelnd gesagt haben: „Der heillose Apothekerbursch hätte wohl auch in meinem Berlin bleiben können, das braune Zeug", so wurde das braunrote Porzellan damals allgemein genannt, „ist besser, als ich mirs imaginiret"!

Das Meißner Porzellan behielt seinen Ruf für alle Zeiten und blieb ein wichtiger Ausfuhrartikel Sachsens. Allein in den Jahren von 1733—1753 brachte die Meißner Manufaktur 1,5 Millionen Taler Gewinn.

Innere Reformen in Kursachsen

Die vor allem durch den Nordischen Krieg hervorgerufene wirtschaftliche Not und gesunkene Moral der Verwaltungen in Kursachsen wie in Polen veranlaßten August den Starken zu verschiedenen Reformen der Verwaltung, von denen er sich eine Wiederherstellung der inneren Ordnung versprach. Von der Umwandlung des Söldnerheeres in ein stehendes Heer war schon die Rede. Vordringlich erschienen ihm auch Reformen in der Finanz- und inneren Verwaltung, wie des Gewerbe- und Justizwesens.

Der Frieden von Altranstädt hatte Kursachsen wirtschaftlich und finanziell ungemein belastet und es fast ruiniert, deshalb sah der Kurfürst es als oberste Aufgabe an, die Staatsfinanzen so schnell wie möglich wieder zu ordnen. Außerdem waren viele kurfürstliche Pläne noch zu verwirklichen, die dem Staate und seiner Bevölkerung trotz erhöhter finanzieller Belastung letztlich doch wieder zugute kommen sollten. Eine scharfe, gerechte Prüfung der Staatseinnahmen und Staatsausgaben war daher unerläßlich. Nur fehlte dazu noch eine entsprechende Institution, die August der Starke schuf.

In Sachsen bestanden zur Zeit Augusts des Starken für die fünf obersten Landesbehörden — das Kammerkollegium, das Geheime Kriegsratskollegium, das Generalakzisekollegium, das Obersteuerkollegium und die Oberkämmerei — fünf zentrale Landeskassen (Hauptkassen): die Rentkammer, die Generalkriegskasse, die Obersteuereinnahme, die Generalakzisekasse und für die Oberkämmerei die Hofkasse. Die Prüfung der Kassen wurden von Rechnungsexpeditionen geprüft, die der Hofkasse oblag dem Kammerkollegium zusätzlich. An der Spitze jedes Kollegiums stand ein Präsident.

Mit dieser Dezentralisation im Rechnungsprüfungswesen mußte selbstverständlich die Einheitlichkeit der Verwaltung verlorengehen. Da die obersten Landesbehörden die Rechnungslegung und Rechnungsprüfung den Rechnungsbeamten jedoch allein überließen, kam es wiederum zu Verschwendungen, Unregelmäßigkeiten, Betrügereien, Bestechungen usf. Zudem führte diese Art von Rechnungslegung zu einer Steigerung der Machtbefugnisse der Landeskollegien, was aber nicht in Einklang mit dem Willen des Fürsten zu bringen war. Die Landesbehörden stellten fast einen Staat im Staate dar. Dem trat August der Starke nach dem verlorenen Kriege mit aller Kraft entgegen und rief am 24. Mai 1707 eine unabhängige oberste Rechnungsprüfungsbehörde, die verantwortlich für Kursachsen und Polen sein sollte, ins Leben: die Oberrechnungskammer, eine Institution, die „besserer Ordnung halber, und damit die Rechnungen bey den Hauptkassen sowohl in Sachßen als Pohlen fleißiger als zeithero bei ein und anderer geschehen, und zwaren nicht nach bisherigem

Gebrauch von denenselben, so die Direction und Disposition darüber gehabt, sondern von unpartheyischen Personen defectiret und abgenommen werden möge". August der Starke hatte mit dieser Gründung als erster deutscher Landesherr eine unabhängige und nur dem Landesherrn untergeordnete kollegiale oberste Rechnungsprüfungsbehörde errichtet, die als Musterbeispiel für alle späteren Reichs- und Landesrechnungsprüfungsbehörden zu gelten hat. Der sächsischen kurfürstlichen Oberrechnungskammer stand damals als 1. Präsident der Kammerherr Hanns Friedrich von Schönberg vor, der mit vier Oberrechnungsräten für den ordentlichen Gang der Geschäfte verantwortlich war. Aufgabe dieser Oberrechnungskammer war es, die Rechnungen der unmittelbar mit den Landeskollegien verbundenen Hauptkassen und der dazu gehörigen Unterlagen vom Jahre 1705 ab zu prüfen. Die Prüfungen der Städterechnungen wurde erst vom Jahre 1722 der Oberrechnungskammer übertragen. August der Starke hatte genaue „Instruktionen" gegeben, auf welche Weise die Prüfung der Rechnungen vorgenommen werden sollte.

Dieses ganze Gesetzgebungswerk war für die damalige Zeit eine hervorragende gesetzgeberische Leistung, und trotzdem gab es Schwierigkeiten über Schwierigkeiten mit den Landeskollegien, vor allem mit dem Obersteuerkollegium und den Landständen, die nach wie vor Widerstand gegen die Prüfung der Steuerrechnungen durch die Oberrechnungskammer leisteten. Es spiegelte sich auch hier der alte Kampf zwischen absolutistischem Herrscher und Landständen, die um ihr Ansehen im Staate bangten, wider. Noch im Jahre 1729 waren diese Schwierigkeiten nicht behoben. August der Starke aber blieb den Ständen gegenüber unnachgiebig und erreichte auf diese Weise, daß bei seinem Tode die Staatsfinanzen in Ordnung gekommen waren.

Nach dem Tode des Kurfürsten trat durch die Umwandlung der Oberrechnungskammer in eine Oberrechnungs-Deputation eine Wandlung ein. An die Spitze dieser Deputation trat von nun ab ein Minister und die Oberrechnungsräte wurden durch fünf Mitglieder der Landeskollegien ersetzt. Diese neue Behörde bestand von 1734—1842; aus ihr entwickelten sich die Oberrechnungsbehörde und vom Jahre 1922 ab der Staatsrechnungshof, der, wie sein Vorgänger, seinen Sitz in der Haupt- und Residenzstadt Dresden hatte.

Um die innere Verwaltung fest in den Griff zu bekommen und damit der Korruptheit der hohen Beamten entgegenzuwirken, schuf August der Starke am 1. Juni 1706 das „Geheime Kabinett" als oberste ordentliche Zentralbehörde, die Anfang Juni 1707 ihre Tätigkeit aufnahm. Dieses „Geheime Kabinett" stand „dauernd und unmittelbar zur Verfügung des Königs". Mitglieder des „Geheimen Kabinetts" waren drei Minister. Der vorsitzende Minister war zur Zeit der Gründung der Oberhofmarschall von Plugk: „Er ruft, wenn es die Sache erfordert, die übrigen Minister zusammen, beratet mit ihnen, sammelt die Stimmen bei etwaiger Verwahrung." v. Flemming übernahm als Minister die auswärtigen Angelegenheiten, für innere Angelegenheiten wurde der Obersteuer- und Akzisedirektor Magnus von Hoym ernannt. Das Militärwesen erhielt keinen Minister, sondern blieb dem Geheimen Kriegsrat v. Kiesewetter unterstellt. Drei Geheime Sekretäre standen den Ministern zur Verfügung; für private Sachen des Königs wurde eine besondere „Geheime Expedition" ins Leben gerufen, die in den Händen des Geheimen Referendars Pfingsten lag. Bis ins kleinste wurde vom König eigenhändig der Geschäftsgang dieser neuen Behörde festgelegt. So heißt es in seiner Verfügung: „Das ankommende Postpaket öffnet der König. Er gibt nach der Durchsicht die Sachen an den Geheimen Referendar Pfingsten ab, der von sich aus die Angelegenheiten dem betr. Minister übermittelt, darauf mit dem vorsitzenden Minister den Zeitpunkt der Sitzung festlegt. Alle Angelegenheiten hat das Kabinettskollegium nach geschehener Durchsicht und Bearbeitung der betreffenden Departementsminister einer gemeinsamen Beratung zu unterziehen und über sie abzustimmen. Der Geheime Referendar Pfingsten führt in der Sitzung das Protokoll und trägt darauf dem König die Meinung des Geheimen Kabinetts vor. Er empfängt nun des Königs Resolution und gibt sie an die

Kanzleien der betreffenden Departements weiter zur Ausfertigung.

Nach geschehener Ausfertigung des Konzepts durch den Geheimen Sekretär des betreffenden Departements wird das Konzept an den Minister dieses Departements zur Revision zugesandt. Der Minister schreibt nach vollendeter Durchsicht sein „vidit" und zeichnet mit Namen. Darauf geht das Konzept zu demselben Geheimen Sekretär zurück, der die Reinschrift vornimmt. Diese Reinschrift wird versiegelt durch einen vereidigten Kanzleidiener den Ministern und dem Geheimen Referendar zur Gegenzeichnung zugeschickt. Von neuem versiegelt, wird das Schriftstück dem König zur Unterschrift gebracht und darauf abgeschickt. In Gegenwart des Königs wird das abgehende Postpaket geschlossen." Dadurch nun, daß dem 1. Minister für innere Angelegenheiten im Jahre 1709 als 2. Minister des „Innern" der Oberhofmarschall von Löwendal beigegeben wurde, kam des Königs Wunsch und Wille zum Ausdruck, von allen innerpolitischen Angelegenheiten besonders die Finanzpolitik als Mittelpunkt seines innerpolitischen Interesses in sicheren Händen zu wissen. Dieses „Geheime Kabinett" fand erstmals in Deutschland in Kursachsen seine Anwendung. Mit diesem „Kabinettsprinzip" gewann August der Starke eine vollkommen isolierte Stellung innerhalb seiner Beamten und Untertanen; die fürstliche Autorität gewann formell an Stärke, die sie in diesem Maße bisher nie besessen hatte. Mit dieser Verwaltungsreform Augusts des Starken wurde das Regierungswesen in Kursachsen lebendiger und elastischer. Man kann das „Geheime Kabinett" als Anfang deuten für eine Entwicklung der Arbeitsteilung bis in unsere Zeit. Es ist nicht zu viel behauptet, daß August der Starke durch diese Verwaltungsreform die Grundlagen für unser heutiges ministerielles Regierungs- und Verwaltungssystem schuf.

In den Jahren 1712, 1719 und 1722 versuchte August der Starke auf Anregung Flemmings die Gründung eines Kommerzkollegiums, ein 6. Landeskollegium, bei den Ständen durchzusetzen. Dieses Kommerzkollegium, ein Gutachterkollegium, sollte

Vorschläge von Erfindern und Fabrikanten einholen und auf ihre praktische Verwirklichung hin prüfen. Dadurch sollte vermieden werden, daß Gelder für Vorhaben ausgegeben würden, deren Erfolg zweifelhaft erscheinen mußte. Erst nach positiver Beurteilung sollten die Vorschläge des Kommerzkollegiums dem Könige zur Genehmigung vorgelegt werden. Immer wieder wurden die Anträge auf Gründung dieses 6. Landeskollegiums von den Ständen mit der Begründung abgelehnt, daß durch die Einrichtung einer solchen Behörde das „Kommerzium nur gestoppt und gehemmt werden könnte". Erst im Jahre 1735, zwei Jahre nach dem Tode des Monarchen, wurde diese Behörde, deren Initiator August der Starke gewesen war, als Kommerziendeputation ins Leben gerufen.

Auch der Rechtspflege widmete der Kurfürst seine Aufmerksamkeit. Im Jahre 1724 kam eine neue Prozeßordnung heraus und im „Codex Augusteus" wurde eine wertvolle Sammlung aller Konstitutionen, Verordnungen u. dgl. vorgelegt. Der Strafvollzug sollte seit dem Jahre 1716 auch im Zuchthause Waldheim, einem ehemaligen Klostergebäude und umgebauten landesherrlichen Schlosse, vorgenommen werden.

Wie schon des öfteren erwähnt, förderte August der Starke das Gewerbe wie den Handel in jeder für den Staatsfiskus nützlichen Weise. Ein sichtbarer Erfolg schien ihm aber nur mit Hilfe einer grundlegenden Reform der Zunftverfassung erreichbar, an die er gleich nach seinem Regierungsantritt heranging. Mehr als die ersten Schritte dazu wurden jedoch nicht getan. Die verwikkelten politischen Verhältnisse und die vielen Kriege lenkten von dieser im Strudel der Ereignisse nicht vordringlich erscheinenden Aufgabe innerer Wirtschaftspolitik ab. Erst nachdem die Beendigung des Nordischen Krieges einer ruhigeren Entwicklung Platz gemacht hatte, konnte er an die Erneuerung der Handwerksverfassung herangehen.

Die ganze Angelegenheit konnte aber nur auf Reichsebene gelöst werden. Das deutsche Gewerbeleben ruhte im 18. Jahrhundert noch durchaus auf dem Handwerk, das in den Zünften straff organisiert war. In seinem alten Brauchtum vermochte es dem staatlichen Reformwillen mit Erfolg zu trotzen. Reformen aber waren dringend vonnöten und mußten in dem gewerblich am höchsten entwickelten Lande Deutschlands, in Sachsen, am stärksten angestrebt werden. August der Starke, wie sein Minister von Flemming, erkannten, daß nur eine vom Reich geschaffene Reform sich gegen den Widerstand der Zünfte durchsetzen konnte.

So kam es zu einem Generalplan, der die Gesichtspunkte der zukünftigen Innen- und Außenpolitik Sachsen enthielt. Dieser Plan forderte u. a. eine Reform der Wirtschaftspolitik und stellte auch für die Gewerbepolitik Richtlinien auf. Die Gründung von Manufakturen und Fabriken sollte nicht vernachlässigt werden, aber man wollte unbedingt die Staatsfinanzen schädigenden Fehlgründungen vermeiden. Das Hauptaugenmerk richtete man auf die Förderung des Handwerks, und zwar durch Neugestaltung des Handwerksrechtes.

Im Juni des Jahres 1720 stellte Sachsen beim Reichstag in Regensburg den Antrag auf eine Reichshandwerksordnung. August der Starke verfolgte dabei ein Doppelspiel: Handwerksreform in Sachsen auf dem Wege über das Reich und Anschluß Polens an diese Reform. Preußen widersetzte sich über 10 Jahre solchen Bestrebungen, da es von einer reichsrechtlichen Regelung eine Verminderung landesherrlicher Rechte befürchtete. Es wollte kein Reichsgesetz haben, sondern dieses durch ein „Partikularabkommen" ersetzt wissen, d. h. durch eine Vereinbarung der größeren, Preußen benachbarten Länder, der sich dann nach Belieben andere Reichsstände hätten anschließen können. Eine völlige Zerreißung Deutschlands auf gewerbepolitischem Gebiete wäre die Folge gewesen. Nur dem zähen Festhalten Sachsens an seinem Antrag ist es zu danken, das dieses vermieden wurde. Im Juli 1731 kamen die Beratungen durch ein Reichsgutachten zum Abschluß. Durch des Kaisers Ratifizierung erhielt das Gutachten Gesetzeskraft. Allerdings verzögerte sich die Revision der Zunft-

Gemälde von Nattier, Dresden, Gemäldegalerie
(Aus: C. Gurlitt, August der Starke — U. B. Göttingen,
Original im Besitz von Dr. Weymar, Lüneburg)

Gräfin Cosel
(Aus: C. Gurlitt, August der Starke — U. B. Göttingen)

artikel in Sachsen, die Herausgabe der Generalinnungsartikel, bis zum Jahre 1780, einerseits verursacht durch den Tod Augusts des Starken, andererseits durch die neuen politischen Aufgaben, die in Sachsen und Polen zu lösen waren. Der Inhalt der Reichshandwerksordnung wurde großenteils sogar wörtlich aus dem sächsischen Antrag übernommen. Auch nach dem Zusammenbruch des Reiches 1806 wurde die Reichshandwerksordnung in den Staaten des Deutschen Bundes als geltendes Recht angewandt. Diese Rechtseinheit hat in ähnlicher Weise gewirkt wie das Band des Zollvereins. Sie bildete eine Klammer um die nur lose zusammengehaltenen Staaten des Deutschen Bundes.

Berühmte Zeitgenossen

Das Zeitalter Augusts des Starken ist reich an führenden Geistern, die in der Rechtswissenschaft, der Theologie, der Philosophie und der Musik für die Weiterentwicklung ihrer Gedanken Hervorragendes schufen.

Auf dem Gebiete des Rechts ist an erster Stelle Samuel Pufendorf (1632—1694), in Dorfchemnitz geboren, zu nennen, dessen Wirken zwar nicht an der Universität Leipzig, so doch an den Universitäten Heidelberg und Lund großes Aufsehen erregte. Samuel Pufendorf vertrat besonders die Naturrechtslehre und war der erste Deutsche, der auch Völkerrecht lehrte.

Das ausgehende 17. und beginnende 18. Jahrhundert war das Zeitalter, in dem der Pietismus in Sachsen eine Heimstatt fand, als dessen geistiger Vater Philipp Jacob Spener (1635—1705) aus Rappoltsweiler/Oberelsaß anzusehen ist. Im Jahre 1675 trat er mit seinem „Herzlichen Verlangen nach gottgefälliger Besserung der wahren evangelischen Kirche" hervor. Es war das Bedürfnis nach einer Vertiefung und Verinnerlichung des Glaubenslebens, das in diesem Werke zum Ausdruck kam und eine große

Welle religiöser Erneuerung auslöste, die sich gegen das orthodoxe Luthertum wandte. Die Sehnsucht nach einem wirklichen lebensnahen Erlebnischristentum fand ihren Niederschlag in den damals in großer Anzahl erscheinenden Predigt- und Andachtsbüchern. Mit August Hermann Francke stand Spener in enger Verbindung. In Dresden wirkte er als Oberhofprediger.

Ein anderer Freund des Pietismus war Christian Thomasius (1655—1728). Als erster Hochschullehrer hielt er seine Vorlesungen in deutscher Sprache und gewann damit einen weiten Hörerkreis.

Aus Leipzig stammte einer der universalen Denker jener Zeit, Gottfried Wilhelm Leibniz (1646—1716): Philosoph, Jurist, Politiker, Theologe, Mitbegründer der Differentialrechnung und Begründer von Akademien der Wissenschaft. Sein Kampf um die Reinheit der Sprache begleitete ihn durch sein ganzes Leben. Das Entscheidende dabei war für ihn, daß der deutsche Bürger deutsch denken und fühlen müsse, und nicht etwa nur sächsisch, bayrisch oder preußisch. In ähnlicher Weise wirkte Johann Christoph Gottsched (1700—1766) in Leipzig, der die Leitung der „Deutschübenden Gesellschaft", seit dem Jahre 1727 „Deutsche Gesellschaft" genannt, übernahm. Sie bestand bis zum Jahre 1943.

Der unerschrockene Kämpfer auf musikalischem Gebiete für das Luthertum war Johann Sebastian Bach (1685—1750), der Leipziger Thomaskantor. Er war es, der im Jahre 1729 erstmalig die Matthäus-Passion aufführte und durch Widmung der h-moll-Messe an den Kurfürsten den Titel eines königlichen Hofkompositeurs erhielt. Durch Johann Sebastian Bach stieg die protestantische Kirchenmusik zu einer gewaltigen Höhe an und zugleich mit ihr wurde die Orgel das führende Instrument im evangelischen Gottesdienst. Mit dem Orgelbau für immer verbunden bleibt der Name Gottfried Silbermann aus Kleinbobritzsch bei Frauenstein im Erzgebirge. Seine Orgeln haben „Silbertöne und Donnerbässe" (J. S. Bach).

Der Tod Augusts des Starken

August der Starke starb im Jahre 1733 an einer hochgradigen Zuckerkrankheit, die zu Brand am linken Fuße geführt hatte. Schon in jüngeren Jahren mußte er Kuren wegen Magenbeschwerden in Karlsbad und Teplitz gebrauchen. In Karlsbad weilte er fünfmal und in Teplitz viermal als Kurgast. Aber leider schlug er alle Diätvorschriften seiner Ärzte in den Wind, so daß sich schon in den zwanziger Jahren diese schwere Krankheit bemerkbar machte. Im Jahre 1726 mußte ihm in Bialystock ein Zeh abgenommen werden. Zwei Jahre später erlitt er einen schweren Rückfall. Kein Wunder bei der bekannten üppigen Lebensweise des Königs, die nur eine solche Kernnatur, wie er sie nach dem Urteil der Ärzte besaß, so lange aushalten konnte.

Nach Augusts des Starken Tode begannen sofort die Wahlvorbereitungen in Warschau für seinen Nachfolger. Der König hatte zwar vorgesorgt, daß die polnische Krone möglichst in Verbindung mit Kursachsen erhalten bleiben sollte. Schon im Jahre 1712 — zunächst geheim, seit dem Jahre 1717 aber öffentlich bekannt geworden — war der Kurprinz unter dem Einfluß seines konvertierten Vaters und der Jesuiten zum Katholizismus — zum großen Leidwesen seiner Mutter und des sächsischen Volkes — übergetreten. Eine der wichtigsten Vorbedingungen für die Wahl zum polnischen König war damit erfüllt. Es war August II. ferner gelungen, seinen Sohn im Jahre 1719 mit der Tochter Josephs I., Maria Josepha, zu verheiraten und auf diese Weise den Zugang zur höchsten Aristokratie Europas zu erlangen. Noch bis in seine letzten Tage trug sich August der Starke mit großen, fast phantastischen Plänen zur Erringung der Kaiserkrone. Doch setzte der Tod diesem Wollen eine Schranke.

Nach dem Tode Augusts des Starken zeigte sich überall aufrichtige Trauer über das Ableben dieses Fürsten, der in seinen Maßnahmen, besonders in den politischen vielfach nicht glücklich gewesen ist, der jedoch immer eifrig und mit nie erlahmender Arbeitskraft, trotz häufiger Erkrankungen bestrebt war, Sachsen

durch seine polnischen und noch weit darüber hinausreichenden
Pläne in der deutschen und europäischen Politik eine führende
Rolle spielen zu lassen, gleichzeitig aber durch den Glanz seines
Hofes, alle anderen Höfe zu überstrahlen.

Den Kurprinzen hatte August II. auf seine künftigen Aufgaben
als Kurfürst und — wie er hoffte — auch als König von Polen
durch seinen Minister Flemming gut vorbereiten lassen. Die mit
August dem Starken ausgearbeiteten Hauptrichtlinien, die den
Erben der Kurwürde mit den Regentenpflichten bekanntmachen
und ihm den besten Weg zu ihrer Lösung zeigen sollten, faßte
Flemming folgendermaßen zusammen: „Aufmerksam, fleißig und
ehrenhaft muß ein Regent sein. Fort mit der Heuchelei! Ein
Fürst, der alles selbst tun will, unterliegt leicht der Selbsttäu-
schung. Der sich auf die oberste Leitung beschränkende Herrscher handelt klüger, wenn er ein Ministerium mit einem Präsidenten an der Spitze über die verschiedenen Behörden stellt, als
wenn er einen Statthalter ernennt. (Das war ganz gewiß eine
Spitze gegen Fürst Fürstenberg, Flemmings persönlichen Gegner,
den gegen die lutherischen Stände scharf vorgehenden Katholiken
und Absolutisten. D. Verf.). Die Minister werden dem Herrn treu
dienen. Er freilich muß sie auch schützen gegen den Neid der
Verleumder und die Kritik der Ignoranten. Ein Regent kann sich
zum Ziele setzen, mit bewaffneter Hand Länder zu erobern oder
durch friedliche Mittel sein Ansehen und seine Macht zu mehren
oder er kann auf Größe und Größerwerden verzichten und vor-
ziehen, ruhig dahin zu leben, unbekümmert um die anderen."
Nach den etwas aufklärerischen Ausführungen geht Flemming
zum Besonderen über, zu der durch die Personalunion Sachsen—
Polen geschaffenen eigentümlichen Lage: „Den Polen geht die
Freiheit über alles. Eine Unmenge zum Teil einander wider-
sprechender Gesetze und Konstitutionen sichert sie. Vor ihnen
muß der König Respekt haben. Darüber sollen seine Minister und
Senatoren wachen. Damit muß sich wie der jetzige auch der künftige Träger der Krone zufrieden geben. Denn militärische und
finanzielle Hilfskräfte, auf die er sich stützen könnte, stehen ihm

nicht zu Verfügung, und vom Auslande hat er Beistand nicht zu erhoffen. Die Verfassung Polens ehrlich anerkennend, genießt er die Verehrung und Liebe seiner Unterthanen. So darf der Sohn erwarten, aus einer freien Wahl als Sieger hervorzugehen. Auf anderen Wegen gelangt er nicht auf den Thron. Das Wohl der Republik und des Volkes ist das höchste in Polen geltende Gesetz."

Frankreich versuchte nach dem Tode Augusts des Starken durch seinen Gesandten Marquis de Monti mit Hilfe großer Bestechungsgelder Stanislaus Leszczinsky wieder ins Spiel zu bringen. Rußland jedoch lehnte nach wie vor jeden französischen Einfluß ab. Für die Zarin Anna waren vor allem ihre beiden Gesandten am Warschauer Hofe Augusts des Starken, Friedrich Kasimir von Loewenwolde und Karl Gustav von Loewenwolde tätig. Letzterer wurde bereits im Jahre 1731 von Petersburg nach Berlin und Wien geschickt. Er sollte Verhandlungen vorbereiten, die infolge des schlechten Gesundheitszustandes Augusts des Starken wegen einer polnischen Königswahl plötzlich notwendig werden konnten. Noch ein zweites Mal reiste er nach Berlin und bereitete dort den „Loewenwoldeschen Vertrag" vor, der am 13. 12. 1732 als „Loewenwoldesche Punktation" unterzeichnet wurde. Aber, ehe dieser Vertrag von Österreich und Rußland ratifiziert werden konnte, starb August II. Diese Mächte verpflichteten sich in dem Vertrag, niemals zuzulassen, daß ein französischer Kandidat den Thron Augusts des Starken bestiege. Da August der Starke die „Pragmatische Sanktion" (1713) nicht garantieren wollte, wurde auf Verlangen Kaiser Karls VI. zunächst nicht der sächsische Kurfürst als Thronanwärter vorgeschlagen, sondern ein Neffe des Kaisers, Emanuel von Portugal. Schließlich einigte man sich doch auf den Sohn Augusts des Starken, nachdem sich dieser bereit erklärt hatte, die „Pragmatische Sanktion" zu garantieren und damit den österreichischen Erbverzicht seiner Gemahlin zu bestätigen. Karl VI. ließ daraufhin den von ihm selbst vorgeschlagenen Neffen bedenkenlos fallen und trat für den sächsischen Kurfürsten ein.

Die beiden Loewenwolde mußten ihr diplomatisches Vorgehen vorerst mit dem Verlust der Freiheit bezahlen. Anhänger von Stanislaus Leszczinsky hielten sie gefangen und zerstörten das russische Gesandtschaftsgebäude in Warschau, nachdem es am 11. 9. 1733 zur Ausrufung von Stanislaus Leszczinsky zum König von Polen und zum polnischen Thronfolgekrieg 1733/34 gekommen war. Am 24. 9. 1733 erschien ein russisches Korps vor Warschau und Stanislaus Leszczinsky suchte sein Heil in der Flucht. Nach Belagerung und Bezwingung der Festung Danzig, wohin sich Stanislaus Leszczinsky begeben hatte, floh er nach Frankreich und lebte von da an unter Beibehaltung des Königstitels in Nancy im Exil. Durch diese Niederlage war der Einfluß Frankreichs im Osten Europas vorderhand ausgeschaltet.

Die Loewenwoldes waren befreit und der sächsische Kurfürst mit Hilfe Österreichs und Rußlands im Jahre 1734 in Krakau als August III. zum König von Polen gekrönt worden. Mit Preußen kam keine vertragliche Einigung zustande, da Friedrich Wilhelm I. als Gegenleistung den Verzicht Sachsens auf den Erbanspruch von Jülich und Berg verlangte. Diese Forderung jedoch erfüllte der Kurfürst von Sachsen nicht.

Zusammenfassung

Friedrich August, 1670 in Dresden geboren, wuchs in einem Lande auf, das nach härtesten Schlägen im Dreißigjährigen Kriege durch den Fleiß seiner Bewohner wieder wohlhabend geworden war. Sein Vater, der Kurfürst Johann Georg III., zeichnete sich 1683 als Mitverteidiger Wiens gegen die Türken aus. Friedrich August sagte man ungeheure Körperkräfte nach, daher führte er in der Geschichte den Beinamen „der Starke".

Auf der „Kavalierstour" nach Frankreich, Spanien und Italien lernte der junge Prinz die „große Welt" Europas kennen. Die Bauten in Paris, Madrid und Venedig machten auf ihn einen nachhaltigen Eindruck. Als Soldat kämpfte er tapfer in vorderster

Linie mit Vater und Bruder gegen Frankreich. Im Alter von 24 Jahren wurde Friedrich August Kurfürst. Sehr bald aber mußte er erkennen, daß er sich in dem von den Ständen regierten Lande nicht auf seine Räte und Minister verlassen konnte. So kam es, daß er vor allem Nichtsachsen als Berater bevorzugte. Der bedeutendste unter ihnen war der Pommer Jakob Heinrich v. Flemming. Friedrich August hatte, was insonderheit die Finanzen anlangte, ein schweres Erbe übernommen. Bestechlichkeit, Beamtenuntreue usf. waren an der Tagesordnung. Um die Finanzen in Ordnung zu bringen, schuf er verschiedene Organisationen u. a. den „Revisionsrat". Aber sehr bald stellte er fest, daß er ohne die Stände, die sich gegen die absolutistischen Tendenzen des Kurfürsten wehrten, kein Geld bekommen konnte. Das aber benötigte er dringend für die bevorstehende Wahl zum König von Polen. Hier standen nach dem Tode Johann Sobieskis 9 Bewerber zur Wahl, von denen aber nur zwei in Aussicht genommen worden waren: der Vetter Ludwigs XIV., Prinz Conti, und Friedrich August von Sachsen. Für Friedrich August waren es vor allem zwei Gesichtspunkte, die ihn nach der Polenkrone streben ließen. Einmal war es der persönliche Wunsch, in der Politik Europas eine Rolle spielen zu können und andererseits waren es wirtschaftspolitische Überlegungen. Der notwendige Übertritt zum katholischen Glauben, der ihm im lutherischen Sachsen sehr verargt wurde, geschah 1696 aus rein politischen Erwägungen. Mit Hilfe von Bestechungsgeldern kam es schließlich 1697 zur Doppelwahl. Conti und August der Starke wurden zu gleicher Zeit gewählt. August dem Starken, jetzt August II. von Polen, gelang es, Conti zu vertreiben und seine Gegner zur Anerkennung zu zwingen. Die historische Bedeutung dieser sächsisch-polnischen Union beruhte letztlich auf Freiwilligkeit dieses Staatenbundes.

Da August II. in der „Wahlkapitulation" vom 18. 6. 1697 den Polen die Wiedereroberung Livlands, das sie im Frieden von Oliva an die Schweden verloren hatten, versprochen hatte, kam es im Jahre 1700 im Bunde mit Dänemark und Rußland zum Nordischen Krieg gegen Karl XII. Der in Diensten Peters des Großen stehende Reinhold v. Patkul bezeichnete die bevorstehenden kriegerischen Auseinandersetzungen mit Schweden als leichtes Spiel. Ein schwerer Irrtum!, den August der Starke mit dem Verlust der polnischen Krone 1704 und dem schmachvollen Frieden von Altranstädt 1706 bezahlen mußte. Nachdem Karl XII. 1709 von Peter dem Großen bei Poltawa geschlagen und August der Starke mit Hilfe Rußlands wieder König von Polen geworden war, konnte er daran gehen, auch seine Baupläne zur Verschönerung seiner beiden Residenzstädte, Dresden und Warschau, auszuführen, wobei Dresden Warschau vorgezogen wurde. Alle diese Bauten wurden im Stil der Zeit, im Barockstil, aufgeführt. Die Namen von Architekten wie D. M. Pöppelmann, Permoser, Knöffel, Longuelune sind auf immer mit den Bauwerken Augusts des Starken verbunden. Desgleichen baute er die heute noch berühmten Dresdener Sammlungen, von seinen Vorvätern begonnen, weiter aus; unter ihnen stechen besonders die Gemäldegalerie und das Grüne Gewölbe hervor. Wie sich in den Bauten und Sammlungen ein großes Kunstverständnis des Königs abzeichnete, so beherrschte er ganz besonders glücklich die Kunst, Feste feiern zu können. Unter ihm wurde Dresden berühmt als Stadt der Barockfeste. In die Regierungszeit Augusts des Starken fällt auch die Nacherfindung des Porzellans durch Böttger und die 1710 erfolgte Gründung der Meißner Porzellanmanufaktur. In der inneren Verwaltung sorgte August für eine geordnete Finanzverwaltung durch die Einrichtung einer Oberrechnungskammer, dem ersten Staatsrechnungshof im Reich. Durch Gründung des „Geheimen Kabinetts" mit Ministern an der Spitze gewann die Autorität des Königs an Stärke. An der Reichshandwerksordnung war Sachsen ausschlaggebend beteiligt, wie der König auch die Gründung eines Kommerzkollegiums, ein Gutachterkollegium für Handel und Gewerbe, anregte.

Bedeutende Geister auf dem Gebiete der Rechts- und Sprachwissenschaft, der Theologie wie der Musik konnten sich in dieser „augusteischen Zeit" frei entfalten (Pufendorf, Spener, Francke, Leibniz, J. S. Bach und Gottfried Silbermann).

Nach dem Tode Augusts des Starken gelang es seinem Sohne nach vielen Verhandlungen als August III. Nachfolger seines Vaters auf dem polnischen Throne zu werden, damit den sehnlichsten Wunsch Augusts des Starken erfüllend.

August der Starke war von Jugend an mit großer Phantasie begabt, ein Romantiker, reich an Einfällen und weitreichenden Gedanken, die sich in seinen politischen und architektonischen Plänen bis ins Utopische steigerten. Auf den Erwerb der polnischen Königskrone setzte er große politische Hoffnungen, die sich nicht erfüllten, wie er in Kursachsen infolge des Widerstandes der Stände den Absolutismus nicht durchsetzen konnte. Aber immer blieb der Blick aufs Ganze gerichtet, wobei er im Gebrauch seiner Mittel oft nicht wählerisch war. Zwischen seinen Absichten und seiner tatsächlichen Macht bestand ein großer Unterschied, deshalb mußte er sich aufs Verhandeln legen. Ein geschickter und fleißiger Diplomat war August der Starke, der meist mehrere Eisen im Feuer hatte, der es glänzend verstand, Verhandlungen nach verschiedenen Seiten hin zu führen. Auch sah er sich gern als ein von mehreren Seiten Umworbener. Oft zeigte er sich während der Verhandlungen als ein Zögernder, wodurch er seinen Verhandlungspartner in dessen Berechnungen unsicher und mißtrauisch machte. Das führte dazu, daß man ihn als unzuverlässig, launisch und sogar als heimtückisch charakterisierte. Daß sein Wollen selten dem Vollbringen entsprach, lag vor allem daran, daß hinter dem Verhandelnden keine militärische Macht stand. August der Starke hat von Anfang an seine sächsische Macht nicht genügend militärisch ausgebaut. Nur wenige Männer gab es, denen er sein volles Vertrauen schenkte. Im Grunde genommen blieb er ein Einsamer. Sein Leben war eben ein Leben mit vorwiegend geistigen Zielen, den Zielen des Barocks. Er war der rechte Mann für seine Zeit. Persönlichkeit und Werk gehen bei August dem Starken konform. August der Starke war die reine Ausprägung des Typs eines Barockmenschen; er verkörperte diese Zeit geradezu, die der Barockkultur huldigte. Seine Baupläne waren meist denen seiner Architekten und Künstler weit voraus. Es waren klug durchdachte Pläne. Sein repräsentatives Bauwesen und die Förderung der Künste sind biographisch gesehen Parallelen des Bemühens des Königs um die Gunst schöner Frauen, ohne daß diese etwa auf die Staatspolitik hätten einen entscheidenden Einfluß nehmen können.

Zeittafel

1670	12. Mai. Geburtstag Augusts des Starken
1683	Teilnahme Kurfürst Johann Georg III. an der Befreiung Wiens von den Türken
1687—1689	Kavalierstour
1689, 1691, 1693.	Teilnahme Friedrich Augusts an den Feldzügen gegen Frankreich
1691	12. September. Tod des Kurfürsten Johann Georgs III.
1693	17. Februar. Heirat mit Christiane Eberhardine von Bayreuth
1694	27. April. Tod des Kurfürsten Johann Georgs IV. — Übernahme der Landesregierung durch August den Starken
1696	2. Juni. Geheim gehaltener Übertritt Augusts des Starken zum Katholizismus in Raab
1696	17. Juni. Tod des polnischen Königs Johann Sobieskis
1696	17. Oktober. Geburt des Kurprinzen Friedrich August und einzigen legitimen Sohnes
1697	20. September. Frieden zu Ryswijk
1697	Einrichtung des Generalrevisionskollegiums
1697	Fürst Anton Egon von Fürstenberg Statthalter von Kursachsen
1696—1697	Bewerbung um den polnischen Königsthron
1697	18. Juni. Wahl zum König von Polen — Anerkennung der „Pacta Conventa"
1697	17. Juli. Edikt von Lobskowa
1697	15. September. Krönung in Krakau
1697	8. November. Vertreibung Contis aus Oliva
1698	29. März. Defensivbündnis mit Dänemark
1698	10.-13. August. Zusammentreffen mit Peter dem Großen in Rava b. Lemberg
1698	Johann Reinhold Patkul nimmt erstmals Fühlung mit dem Polenkönig auf
1699	26. Januar. Frieden von Carlowitz
1699	7. April. Denkschrift Patkuls an August den Starken

1699	11. November. Bündnis mit Peter dem Großen
1700	Beginn des Nordischen Krieges
1700	28. August. Frieden von Travendal zwischen Schweden und Dänemark
1700	30. November. Niederlage Peters des Großen bei Narva
1701	Juli. Riga bleibt vorerst schwedisch
1703	27. Mai. Gründung von Petersburg an der Neva
1704	Einnahme Warschaus durch Karl XII. — Absetzung Augusts des Starken — Einsetzung Stanislaus Leszczinskys zum König von Polen
1706	Frühjahr. Niederlage Augusts des Starken bei Fraustadt
1706	1. September. Einfall Karls XII. in Kurhessen
1706	24. September. Friedenstraktat von Altranstädt
1706	Generalakzisekollegium
1706	29. Oktober. Sieg Augusts des Starken über Karl XII. bei Kalisch
1707	19. Januar. Unterzeichnung des Diktatfriedens von Altranstädt
1707	8. April. Auslieferung Patkuls an die Schweden
1707	24. Mai. Einrichtung der Oberrechnungskammer in Kursachsen
1707	Juni. Inkrafttreten des „Geheimen Kabinetts"
1707	20. Oktober. Hinrichtung Patkuls
1709	Niederlage Karl XII. bei Poltawa
1709	Wiedereinsetzung Augusts des Starken als König von Polen — Vertreibung Stanislaus Leszczinskys — Annullierung des Altranstädter Friedens
1709	Nacherfindung des Porzellans durch Böttger
1710	13. Januar. Gründung der Porzellanmanufaktur
1711	17. April. Tod Kaiser Josefs I. — August der Starke Reichsvikar
1711	22. Oktober. Wahl Kaiser Karls VI.
1712	Erster Vorstoß zur Gründung eines Kommerzkollegiums
1712	Übertritt des Kurprinzen zum Katholizismus
1714	Juni. Geheimvertrag zwischen Preußen und Rußland
1714	August. Freundschaftsvertrag Augusts des Starken mit Ludwig XIV.
1718	Matthes Daniel Pöppelmann Oberlandbaumeister
1719	Waffenstillstand Polens mit Schweden
1719	20. August. Heirat des Kurprinzen mit der Kaisertochter Maria Josepha
1709—1732	Barockbauten in Kursachsen und in Polen
1720	Antrag Sachsens auf eine Reichshandwerksordnung
1720—1728	Einrichtung der Dresdener Sammlungen
1722	Gründung der Dresdener Gemäldegalerie

1732	13. Dezember. Loewenwoldescher Vertrag
1733	1. Februar. Tod Augusts des Starken
1733—1734	Polnischer Thronfolgekrieg
1734	Krönung des Kurfürsten Augusts II. zum König von Polen als August III.

Literaturhinweise

Alewyn, R., Feste des Barock, 1959.

Asche, S., Balthasar Permoser und die Barockskulptur des Dresdener Zwingers, 1960.

Beschorner, H., Augusts des Starken Leiden und Sterben (Neues Archiv für Sächs. Geschichte und Altertumskunde, Bd. 58).

Brandenburg, E., Die Ahnen Augusts des Starken (Abhdlgn. d. Phil. Hist. Klasse d. Sächs. Akademie der Wissenschaften, Bd. 43, Heft 5) 1937.

Erdmann, Y., Der livländische Staatsmann Patkul, 1970.

Fischer, G., Kursachsens Anteil a. d. Handwerkspolitik d. Reiches (Hamburger Mittel- und Ostdeutsche Forschungen, Bd. VI, 1967).

Gierowski u. *Kalisch,* Um die polnische Königskrone. Sachsen und Polen während d. Nord. Krieges 1700—1721, Berlin (O) 1962.

Gierowski, Freundschaftsvertrag Polens mit Frankreich i. J. 1714, Warschau 1965.

Gurlitt, C., August der Starke. Ein Fürstenleben a. d. Zeit des deutschen Barock, 2 Bände, 1924.

Haake, P., August der Starke im Urteil seiner Zeit und der Nachwelt, 1922.

Haenel u. *v. Watzdorf,* August der Starke. Kunst und Kultur des Barock, 1933.

Heckmann, H., Matthes Daniel Pöppelmann und sein Werk (Mscr. z. Zt. im Druck), Hamburg 1972.

Hentschel, W,. Die sächsische Baukunst d. 18. Jh. in Polen, Berlin (O) 1967.

Hörig-Weymar, Sächsische Finanzwirtschaft vom 14. bis zum 18. Jh. (Hamburger Mittel- und Ostdeutsche Forschungen, Bd. V, 1966).

Pönicke, H. Dresden, die verschwundene Stadt (in: 4 Vorträge des Mitteldeutschen Kulturrates, Bonn 1960).

Sponsel, J. L., Johann Melchior Dinglinger, 1904.

Ders., Der Zwinger, die Hoffeste und Schloßbauten zu Dresden, 1924.

Wittram, R., Patkul und der Ausbruch des Nord. Krieges (Nachrichten der Akademie der Wissenschaften in Göttingen, Nr. 9, Jg. 1952).

Ders., Peter I. Czar und Kaiser, 2 Bände, 1964.

PERSÖNLICHKEIT UND GESCHICHTE

Biographische Reihe bei MUSTERSCHMIDT GÖTTINGEN

Begründet von

Gustav Adolf Rein und Günther Franz   Herausgegeben von Prof. Dr. Günther Franz

---